BILDATLAS DER VÖGEL

ENTDECKEN · VERGLEICHEN · WISSEN ERWEITERN

Barbara Taylor
Illustrationen: Richard Orr

Bechtermünz Verlag

Inhalt

Ein Dorling-Kindersley-Buch

Gestaltung: Heather Blackham
Redaktion der Originalausgabe:
Anderley Moore, Sheilagh Noble, Susan Peach
Fachberatung: Michael Chinery

Genehmigte Lizenzausgabe für Bechtermünz Verlag
im Weltbild Verlag GmbH, Augsburg 1997

Aus dem Englischen von Stefan Conert
Titel der Originalausgabe: »The Bird Atlas«

Umschlaggestaltung: Atelier Langenfass, Ismaning

Printed in Italy
ISBN 3-86047-730-7

In dieser Reihe sind bereits erschienen:

Bildatlas der Welt
Bildatlas der Dinosaurier
Bildatlas der Tiere
Bildatlas der Entdeckungen
Bildatlas des Weltalls
Bildatlas des Körpers
Bildatlas der Erde
Bildatlas der Alten Kulturen
Bildatlas der Meere

Zum Gebrauch dieses Atlasses

Der Atlas der Vögel ist nach Kontinenten gegliedert: Amerika, Europa, Afrika, Asien, Australien und Ozeanien sowie die Antarktis. Jeder Kontinent wird auf einer Doppelseite vorgestellt (auf der Abbildung rechts ist es die erste Seite über Afrika). Dann folgen mehrere Doppelseiten auf denen die wichtigsten Lebensräume des jeweiligen Kontinentes behandelt werden. Zur Orientierung ist auf der obersten Zeile links der Kontinent angegeben und rechts der beschriebene Lebensraum. Auf der abgebildeten Doppelseite ist z. B. von Nordamerika (oben links) der Raum Mittelamerika und Karibische Inseln (oben rechts) behandelt. Wie die einzelnen Seiten gegliedert sind und was die verwendeten Symbole bedeuten, wird im folgenden gezeigt.

Ein Kontinent

Auf diesen Seiten werden die Besonderheiten eines Kontinentes dargestellt. Es wird eine Übersicht gegeben über das Klima, die Landschaften, die wichtigsten Lebensräume der Vögel, typische Vögel und Fakten von Vögeln. Eine Übersichtskarte zeigt den Umriß des Kontinentes sowie die größten Gebirge und Flüsse. Auf einer anderen Karte kann man sehen, wie sich seine Lage im Verlauf der Erdgeschichte verändert hat.

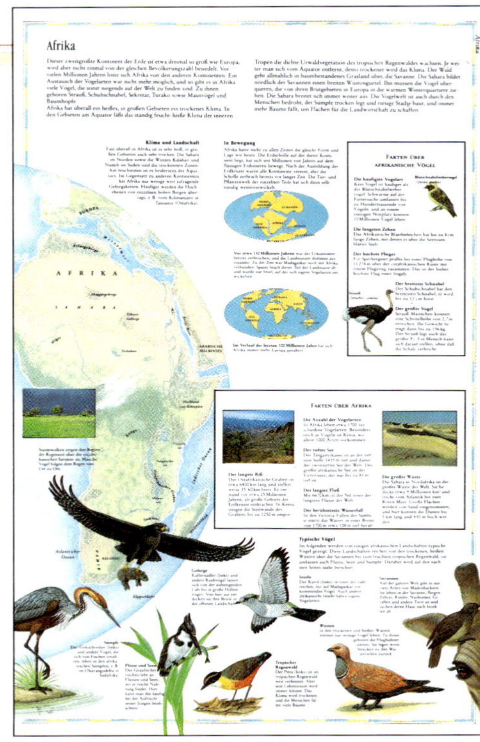

Lage auf der Erde

Die rot eingezeichnete Fläche auf der Erdhalbkugel kennzeichnet das Gebiet, das auf dieser Doppelseite behandelt wird. Hier bezeichnet sie Mittelamerika und die Karibischen Inseln.

Schattenrisse

Diese Symbole zeigen auf den Karten an, wo die beschriebenen Vögel leben. Manche tauchen mehrfach auf, weil sie ein großes Verbreitungsgebiet haben. In den umrahmten Feldern ist gezeigt, welche Vögel betrachtet werden.

Länge: 15 cm

Die Größe

Neben der Abbildung eines Vogels finden sich Angaben über Körperlänge und manchmal über Flügelspannweite, Scheitelhöhe oder Gewicht. Die Körperlänge wird von der Schnabelspitze bis zur Schwanzspitze gemessen. In einigen Fällen gibt man die Schwanzlänge gesondert an, z. B. wenn sie die Körperlänge überragt. Auf dieser Seite ist das beim Männchen des Quetzals der Fall. Bei manchen Vögeln sind Männchen und Weibchen verschieden groß, dann erfolgt die Angabe der Maße getrennt für jedes Geschlecht.

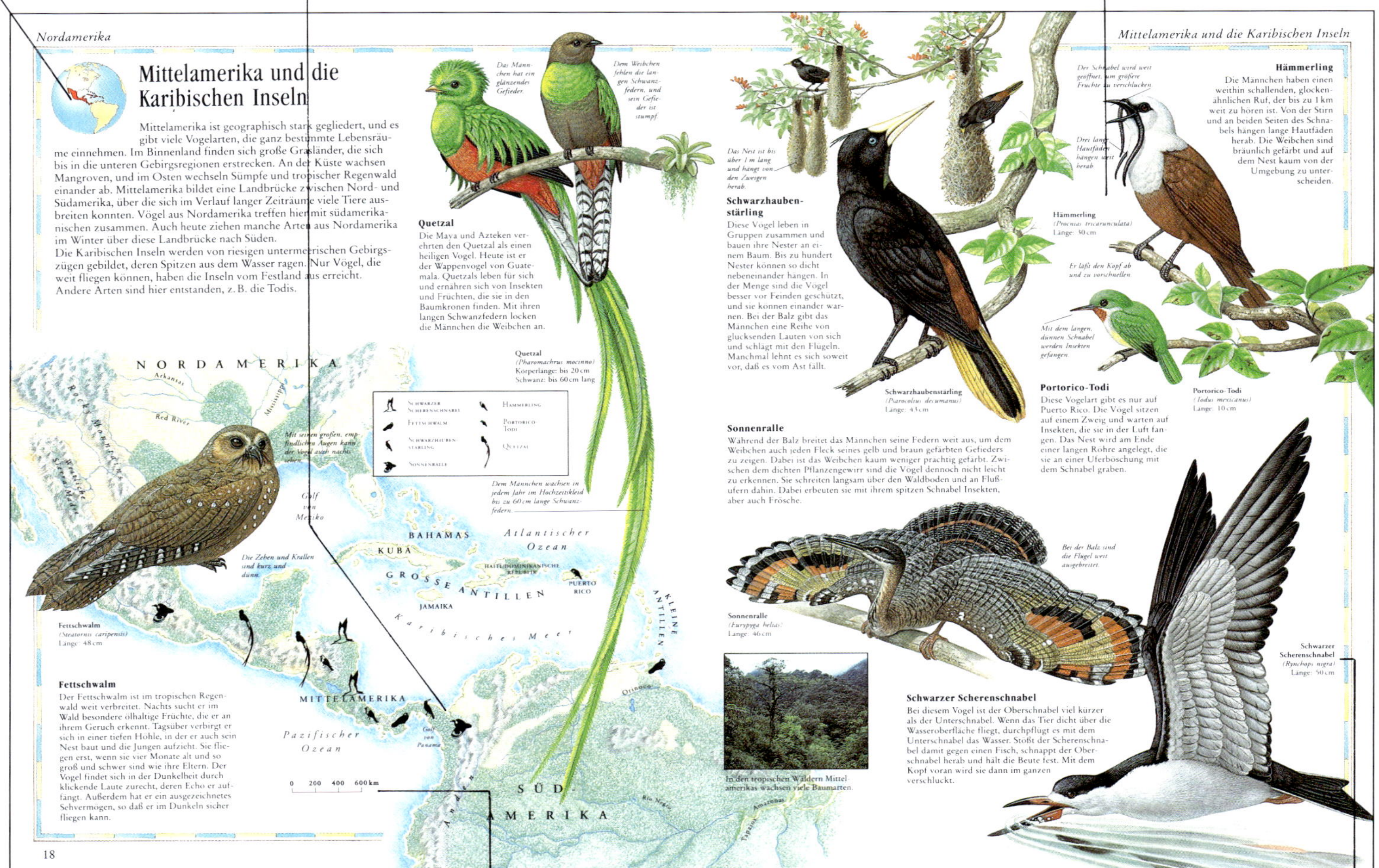

Verzeichnis der Abkürzungen

mm	Millimeter	h	Stunde
cm	Zentimeter	km/h	Kilometer pro Stunde
m	Meter	g	Gramm
m²	Quadratmeter	kg	Kilogramm
km²	Quadratkilometer	°C	Grad Celsius

Maßstab

Mit Hilfe des Maßstabes kann man die Größe eines Gebietes und Entfernungen feststellen.

Schwarzer Scherenschnabel
(Rynchops nigra)

Wissenschaftliche Namen

Jede Vogelart hat einen lateinischen Namen, mit dem sich die Wissenschaftler aller Länder und Sprachen untereinander verständigen können. Der Name besteht aus zwei Teilen. Der erste Teil nennt eine Gattung. Rynchops ist also die Bezeichnung aller Scherenschnäbel. Der zweite Teil bezeichnet eine einzelne Art. Rynchops nigra ist der Schwarze Scherenschnabel. Oft bezieht sich die Artbezeichnung auf eine besondere Eigenschaft des Vogels (lat. nigra = schwarz), manchmal wurde sie auch zu Ehren eines Wissenschaftlers gewählt.

Was ist ein Vogel?

Archaeopteryx

Nicht alle Vögel können fliegen, aber alle Vögel haben Federn. Sie legen Eier, atmen mit der Lunge und haben eine gleichbleibende Körpertemperatur. Das heißt, sie sind Warmblüter. Die Vögel haben sich vor etwa 150 Millionen Jahren aus den Kriechtieren entwickelt. Das zeigt die älteste bisher bekannte Versteinerung eines Vogels. Sie wurde 1861 im Plattenkalk von Solnhofen gefunden. Der Vogel erhielt den Namen Archaeopteryx. Dieser Urvogel war so groß wie eine Krähe. Er hatte Federn und auch schon richtige Vogelbeine, konnte jedoch nicht sehr gut fliegen. Von diesen Urformen leiten sich alle heute lebenden Vogelarten ab, es sind etwa 9000.

Körperfeder eines Loris

Schwungfeder eines Perlhuhnes

Daune einer Taube

Das Federkleid

Ein Pfeifschwan hat mehr als 25 000 Federn, aber selbst ein so kleiner Vogel wie der Zaunkönig hat noch immer 1000 Federn. Wir unterscheiden drei Formen: Schwungfedern, Körperfedern und Daunen. Die Schwungfedern sitzen an den Flügeln und am Schwanz, die Körperfedern bedecken den Körper und geben ihm die Gestalt, und die Daunen halten ihn warm. Da die Federn sich im Lauf des Jahres abnutzen, erneuert der Vogel regelmäßig sein Federkleid. Diesen Wechsel nennt man Mauser.

Die Schwanzfedern sind leicht, aber dennoch sehr stabil. Sie zerbrechen auch bei den gewagtesten Flugmanövern nicht.

Wanderfalke
(Falco peregrinus)

Der Schnabel ist leicht, aber sehr kräftig. Vögel haben keine Zähne.

Die Schwanzfedern werden beim Flug als Steuerruder benutzt.

Knochen

Die Vögel gehören zu den Wirbeltieren und haben ein festes Knochenskelett. Alle Knochen sind sehr leicht, und die langen Röhrenknochen in den Flügeln und Beinen sind hohl und mit Luft gefüllt. Deshalb haben die Vögel ein geringes Gewicht. Die Vordergliedmaßen sind zu Flügeln umgebildet, so daß die Vögel nur auf den Hinterbeinen stehen.

Felsentaube
(Columba livia)

Tauben und viele andere Vögel bewegen ihre Flügel mit einem lauten Geräusch, während die Adler und Albatrosse lautlos gleiten. Kolibris schwirren blitzschnell durch die Luft.

Wie fliegen Vögel?

Die Vögel sind die größten und schnellsten flugfähigen Tiere der Welt. Ihr Körper ist stromlinienförmig und gleitet elegant durch die Luft. Die Flügel werden durch starke Muskeln auf- und abwärts bewegt und verleihen dem Vogel eine große Geschwindigkeit. Mit ausgebreiteten Flügeln können die Vögel mühelos gleiten. Die Flügel sind auf der Oberseite stark gewölbt, auf der Unterseite sind sie dagegen fast flach. Die Luft strömt schnell über die Oberseite, es entsteht hier ein Sog. Auf der Unterseite strömt die Luft langsamer, es entsteht ein Druck. Der gleitende Vogel wird empor gehoben.

Schnäbel

Je nach Nahrung sind die Schnäbel unterschiedlich geformt. Die Vögel benutzen ihn auch zur Körperpflege, zum Nestbau und wehren sich damit gegen Feinde oder Rivalen.

Hakengimpel
(Pinicola enucleator)
Samenfresser

Blaukopf-Bartvogel
(Megalaima virens)
Frucht- und Insektenfresser

Afrikanischer Paradiesschnäpper
(Terpsiphone viridis)
Insektenfresser

Australien-Schlangenhalsvogel
(Anhinga novaehollandiae)
Fischfresser

Eier und Küken

Alle Vögel legen Eier. Die harte Eischale schützt das entstehende Küken und die Nahrungsvorräte im Inneren des Eies. Die Schale ist für Wasserdampf und Luft durchlässig, sie wird zum Teil abgebaut, wenn sich das Skelett des Jungvogels entwickelt. Das Ei muß warm gehalten werden. Gewöhnlich sitzen die Eltern abwechselnd auf dem Gelege und brüten. Bei manchen Vogelarten sind die eben aus dem Ei geschlüpften Küken blind, nackt und hilflos (Nesthokker). Bei anderen Arten wie diesen Entenküken haben sie schon ein Federkleid aus Dunen und können sofort laufen (Nestflüchter).

Das Küken zerbricht mit seinem Schnabel die Eischale.

Wenn es das Ei verläßt, sind die Federn noch naß.

Innerhalb von drei Stunden sind die Federn trocken und flaumig.

Wo leben Vögel?

Vögel gibt es überall auf der Erde. Ihre weite Ausbreitung erfolgte, weil sie überallhin fliegen, sich sehr unterschiedlich ernähren und als Warmblüter auch unter ungünstigen Klimabedingungen leben können. Viele Vögel haben einen speziellen Lebensraum und ein umgrenztes Revier. Man könnte das mit einer festen Adresse und einer genauen Hausnummer vergleichen. In diesem Revier finden sie alles, was sie zum Überleben brauchen, und dieses Revier verteidigen sie auch gegen Eindringlinge ihrer eigenen Art. Andere Vögel nehmen das nicht so genau, sie kommen in verschiedenen Lebensräumen vor und finden überall Futter und Brutgelegenheiten. Viele Vögel bleiben ihr ganzes Leben lang an einer Stelle, andere haben auf einem Kontinent ihren Brutplatz und auf einem anderen ihr Winterquartier. Manche Vögel weichen dem Menschen aus, andere haben sich an ihn gewöhnt und brüten in seinen Gärten und Häusern.
Einige wichtige Lebensräume der Vögel sind im unteren Teil dieser Doppelseite dargestellt.

Manche sehen gleich aus!
Innerhalb langer Zeiträume haben sich die Vögel an spezielle Lebensbedingungen angepaßt. Die Grasländer der Südhalbkugel werden von hochbeinigen, flugunfähigen Laufvögeln bewohnt, die zu drei verschiedenen Familien gehören. In Südamerika sind es die Nandus, in Afrika die Strauße und in Australien die Emus. Die Entwicklung dieser Laufvögel ist parallel erfolgt und hat bei gleicher Lebensweise zu sehr ähnlichen Gestalten geführt.
Die südamerikanischen Tukane und die afrikanischen und asiatischen Nashornvögel sehen sich ähnlich und sind gar nicht miteinander verwandt.

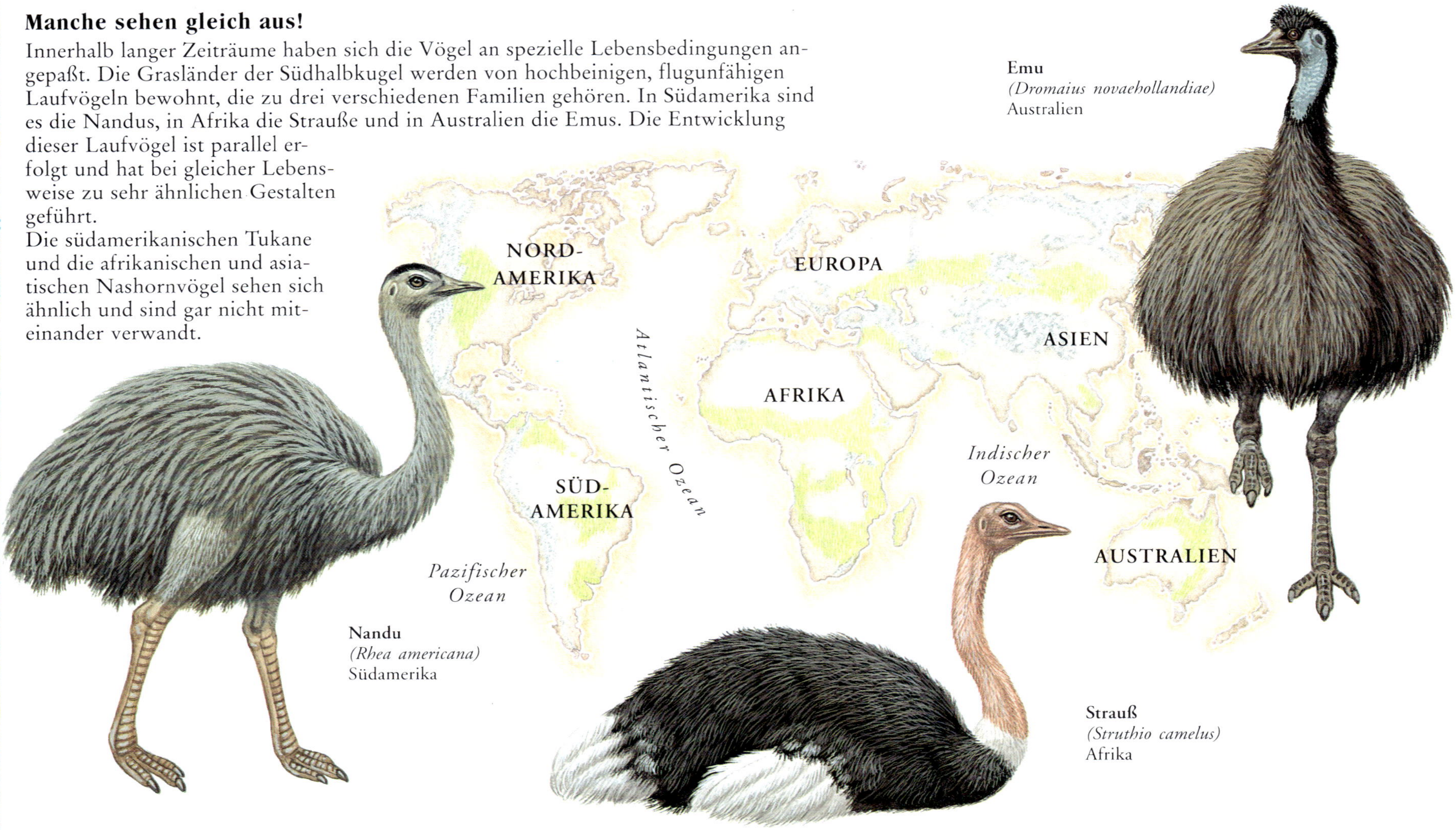

Emu
(Dromaius novaehollandiae)
Australien

Nandu
(Rhea americana)
Südamerika

Strauß
(Struthio camelus)
Afrika

Polareis und Tundra
Die Arktis und Antarktis sind die lebensfeindlichsten Gebiete der Erde. Stürmischer Wind, bittere Kälte und Dunkelheit haben zur Folge, daß hier nur einige Seevögel an der Küste brüten können. An diese Eiswüste schließt sich die baumlose Tundra an. Hier brüten im Sommer Watvögel, Enten und Gänse, die Schutz vor Verfolgern und reichlich Nahrung finden. Im Herbst ziehen sie in ihre wärmeren Winterquartiere.
Mehr darüber auf den Seiten 8-9, 58-59

Immergrüne Nadelwälder
In der Taiga wachsen vor allem Fichten, Tannen und Kiefern. Die Taiga bildet das größte zusammenhängende Waldgebiet der Erde und erstreckt sich über die nördlichen Gebiete Nordamerikas, Europas und Asiens. Bei den genannten Bäumen bleiben die Nadeln das ganze Jahr an den Zweigen. Die Vögel finden reichlich Nahrung, z.B. Knospen und Samen, und brüten hier während des warmen Sommers. Im Winter ziehen sie nach Süden.
Mehr darüber auf den Seiten 12-13, 28-29, 36-37

Sommergrüne Laubwälder
Im Gegensatz zu den meisten Nadelbäumen werfen die Laubbäume im Herbst ihre Blätter ab und bilden im Frühling neue. Buchen, Eichen, Ulmen, Linden und Ahorne wachsen in diesen Wäldern, außerdem viele verschiedene Baumarten, die es in Nordamerika und Asien gibt. Das Klima ist ausgeglichen: im Winter nicht sehr kalt, im Sommer mäßig warm. Viele Vögel, die hier brüten, bleiben auch im Winter da. Andere ziehen in ihr Winterquartier nach Süden.
Mehr darüber auf den Seiten 12-13, 52-53

Grasländer
Wo das Klima für Bäume zu trocken ist, breiten sich die Grasländer aus. In den Tropen ist es das ganze Jahr heiß, und der Regen fällt nur in bestimmten Zeiten. Dort bilden sich Savannen. In Gebieten mit gemäßigtem Klima und regelmäßigen Niederschlägen sind es die Steppen. In allen Grasländern finden viele Vögel ihre Nahrung, seien es Körner oder Insekten und andere Beutetiere.
Mehr darüber auf den Seiten 23-24, 38-39

Die Entwicklung auf Inseln

Viele seltene und ungewöhnliche Vogelarten leben auf Inseln, die fernab vom Festland liegen, z. B. Hawaii (unten), Madagaskar, Japan und die Galápagos-Inseln. Hier sind sie seit langer Zeit von ihren nächsten Verwandten weit getrennt und konnten eine eigene Entwicklung durchmachen. Das bekannteste Beispiel dafür sind die Darwinfinken der Galápagos-Inseln. Alle diese Finken gehen zurück auf einen gemeinsamen Vorfahren – vielleicht vom mittelamerikanischen Festland. Aus ihm haben sich auf den einzelnen Inseln je nach Nahrung und Lebensraum selbständige Arten entwickelt.

Hochgebirge

Der Himalaya (rechts) in Asien, die Anden Südamerikas, die Rocky Mountains in Nordamerika und die Alpen in Europa bieten den Vögeln je nach Höhenlage sehr verschiedene Lebensräume. Im unteren Teil der Gebirge gibt es ausgedehnte Wälder, die nach oben in Gebirgswiesen übergehen. Oberhalb der Baumgrenze nimmt die Vegetation deutlich ab, und die Bergspitzen sind vom ewigen Schnee bedeckt. Die Vögel der Hochgebirge müssen Stürme, Kälte und dünne Luft überstehen. Viele überwintern im Tal, wo sie günstigere Lebensbedingungen finden.

Zusammenleben

In fast jedem Lebensraum wohnen verschiedene Vogelarten ohne Konkurrenz zusammen. In den Laubwäldern leben manchmal mehrere Arten auf einem einzigen Baum. Sie bevorzugen andere Nahrung und bauen ihr Nest in unterschiedlichen Etagen des Baumes. Auf diese Weise können sie besser überleben.

In der oberen Baumkrone
Zierliche und leichte Vögel wie der Waldlaubsänger und die Blaumeise sitzen auf den dünnen Zweigen und picken Insekten von den Blättern.

In der unteren Baumkrone
Vögel wie der Grauschnäpper fliegen durch die Baumkrone und fangen dabei fliegende Insekten. Der Buntspecht bearbeitet trockene Äste und sucht nach Insektenlarven. Er meißelt eine Höhle in den Stamm und baut darin sein Nest.

Auf dem Waldboden
Größere Vögel wie die Waldschnepfe halten sich auf dem Boden auf. Durch ihr unauffälliges Federkleid sind sie zwischen dem trockenen Laub kaum zu erkennen. Zaunkönige und andere kleine Insektenfresser schlüpfen blitzschnell durch das Geäst niedriger Sträucher.

Buschland

Dieser Lebensraum wird von niedrigen, meist dornigen Büschen mit derben Blättern bestimmt. Er ist vor allem im Mittelmeergebiet verbreitet, aber auch in Kalifornien und Inneraustralien. Außer den Büschen gibt es zahlreiche krautige Pflanzen mit leuchtend gefärbten, stark duftenden Blüten. Viele Vögel brüten hier und bauen ihr Nest zwischen den dornigen Zweigen. Insekten, Früchte und Pflanzensamen bieten ein reiches Nahrungsangebot.
Mehr darüber auf den Seiten 30-31, 52-53

Wüsten

Trockenheit und Hitze charakterisieren diesen Lebensraum, der fast ein Fünftel der Landmasse der Erde einnimmt. Trotz der ungünstigen Bedingungen lebt hier eine ganze Reihe von Vögeln. Sie halten sich tagsüber im Schatten von Felsen auf oder sitzen in Erdhöhlen, die von anderen Tieren verlassen wurden. Sie ernähren sich von Pflanzensamen und Insekten, aber um zu trinken, müssen sie oft weite Strecken fliegen.
Mehr darüber auf den Seiten 15-16, 52-53

Tropischer Regenwald

Beiderseits des Äquators erstreckt sich rings um die Erde ein breiter Gürtel, der vom tropischen Regenwald eingenommen wird. In dieser Zone ist es das ganze Jahr heiß und feucht. Der Regenwald nimmt etwa ein Zehntel der Landmasse der Erde ein, und er bestimmt das Klima auf der ganzen Welt. Die Hälfte aller Vogelarten lebt hier, wo es stets Nahrung und Brutgelegenheit gibt. Die Vögel halten sich vorwiegend in den Baumkronen auf, wo es hell ist.
Mehr darüber auf den Seiten 20-21, 54-55

Flüsse, Sümpfe und Seen

Lebensräume an Gewässern werden von vielen Vögeln bevorzugt. Reiher, Störche, Enten, Gänse, Schwäne und viele andere finden sich hier in großer Menge ein. Sie legen ihre Nester zwischen den Uferpflanzen an, wo sie vor Verfolgern geschützt sind. Nahrung gibt es im Überfluß, seien es Fische, Lurche, Insekten oder Früchte und Samen. Hier wirkt sich eine Zerstörung des Lebensraumes besonders dramatisch aus.
Mehr darüber auf den Seiten 16-17, 40-41

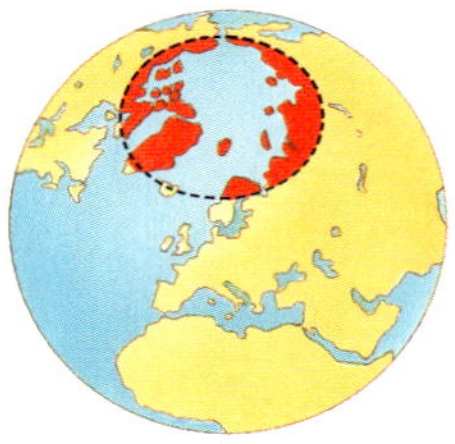

Die Arktis

Die Arktischen Gebiete erstrecken sich rings um den Nordpol. Die Arktis gehört zu den kältesten Gebieten der Erde. Die Temperaturen steigen selten über 10 °C und liegen im Winter oft unter -40 °C. Eine riesige Eismasse bedeckt hier das Meer und die nördlichen Teile Nordamerikas, Europas und Asiens. In der angrenzenden Tundra ist der Boden ebenfalls gefroren und taut nur während des Sommers oberflächlich auf. Er ist von Flechten, Moosen und Zwergsträuchern bedeckt. Nur wenige Vögel können das ganze Jahr hindurch in der lebensfeindlichen Arktis leben. Aber in den kurzen Sommermonaten, wenn die Sonne nie untergeht, ziehen viele Vögel nach Norden, um hier zu brüten. Jetzt vermehren sich im Meer winzige Tiere und Algen, die den Fischen als Nahrung dienen. Diese werden von Möwen, Alken und Seeschwalben gejagt. In der Tundra blühen viele Blumen, die von Insekten bestäubt werden. Die Vögel und ihre Jungen verzehren sowohl die Insekten als auch die Früchte und Samen, es ist ausreichend Nahrung vorhanden. Bald ist die Aufzucht der Jungen beendet, und alle Vögel ziehen nach Süden in wärmere Gebiete, bevor der strenge Winter kommt.

Schnee-Eule

Leise und wie ein heller Schatten gleitet die Schnee-Eule über die Tundra. Sie sucht nach Beutetieren, z. B. kleinen Vögeln, Lemmingen und Hasen. Oft erbeutet sie täglich bis zu zehn Lemminge. Wenn die Schnee-Eule reichlich Nahrung findet, legt das Weibchen sieben bis neun Eier. Alle Jungvögel haben dann gute Aussichten zu überleben. Ist das Futter aber knapp, brüten nur wenige Eulen.

Schnee-Eule
(Nyctea scandiaca)
Länge: 68 cm

Das hier abgebildete Weibchen ist größer als das Männchen und dunkler gefleckt.

Die Nahrung gelangt zuerst in den Kropf. Deshalb erscheint der Hals so dick.

Mit den scharfen Krallen wird das Beutetier ergriffen und getötet.

Im Sommer lockt das Männchen im Hochzeitskleid das Weibchen an. Das Winterkleid ist viel unscheinbarer.

Spornammer

Zu Beginn des Sommers zieht die Spornammer nach Norden, um in der Tundra zu brüten. Hier gibt es keine hohen Bäume, von deren Wipfeln aus die Männchen ihr Hochzeitslied anstimmen könnten. Deshalb steigen sie hoch in die Luft, um ein Weibchen anzulocken, aber auch, um anderen Männchen zu zeigen, daß hier ihr Revier ist. Die Spornammer brütet oft in kleinen Kolonien.

Spornammer
(Calcarius lapponicus)
Länge: 15 cm

Krabbentaucher

Dieser kleine Vogel sieht auf den ersten Blick einem Pinguin ähnlich. Tatsächlich gibt es auch Übereinstimmungen in der Lebensweise. Der Körper des Krabbentauchers ist stromlinienförmig, und beim Schwimmen unter Wasser benutzt er seine Flügel wie Paddel. Eine dicke Fettschicht unter der Haut schützt ihn im eisigen Wasser der Arktis vor der Kälte. Das einzige Junge wird im Sommer aufgezogen. Die Vögel leben in riesigen Kolonien.

Krabbentaucher
(Plautus alle)
Länge: 20 cm

Eisente

Im kurzen arktischen Sommer klingt der werbende Ruf der langgeschwänzten Männchen weithin über die Tundra. Manche Leute erinnert dieser Ruf an einen Dudelsack. Eisenten sind hervorragende Schwimmer und können über 50 m tief tauchen, wenn sie auf der Jagd nach Fischen sind. Im flachen Wasser erbeuten sie auch Muscheln und Schnecken.

Das Weibchen hat dunkle Wangenflecken.

Das Männchen hat lange Schwanzfedern.

Männchen und Weibchen haben ein braunes, weiß geflecktes Sommerkleid. Das Winterkleid ist genau andersherum gemustert: weiß mit braunen Flecken.

Eisente
(Clangula hyemalis)
Länge: 47 cm

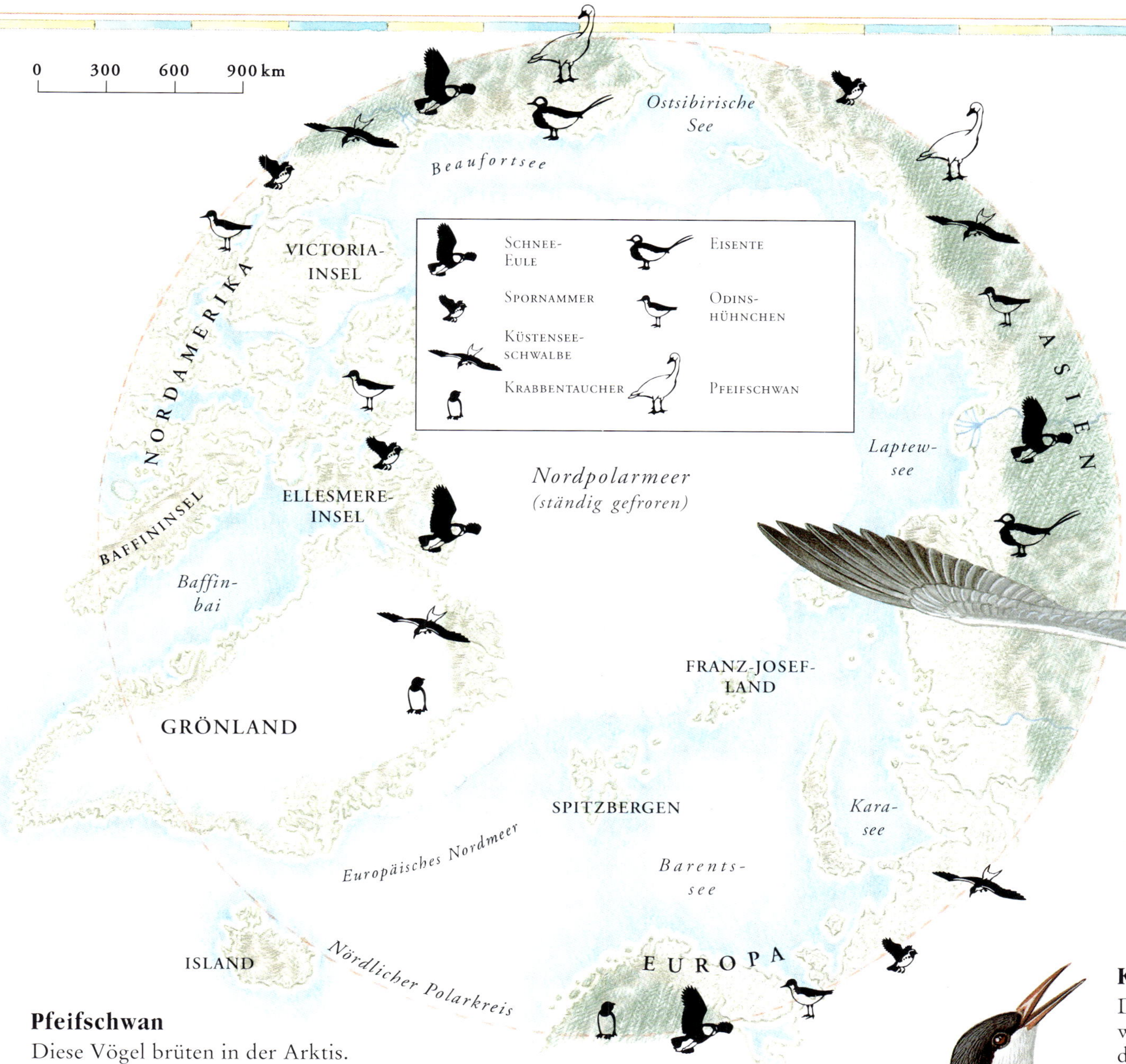

In der Tundra ist der Boden ständig tief gefroren und taut nur in den kurzen Sommermonaten an der Oberfläche auf. An kleinen Seen und Sümpfen können Wasservögel leben.

Küstenseeschwalbe
(Sterna paradisaea)
Länge: 35 cm

Während der Balz bringt das Männchen dem Weibchen erbeutete Fische. Diese zusätzliche Nahrung braucht das Weibchen zur Eiablage.

Küstenseeschwalbe

Diese Schwalben fliegen pro Jahr weiter als alle anderen Vögel und sind dabei länger im Sonnenlicht als jedes andere Tier. Die Küstenseeschwalbe brütet in der Arktis und fliegt bei Einbruch des Winters nach Süden. Sie erreicht die Antarktis, wenn der Sommer gerade beginnt. Auf ihrer Rundreise legt sie jährlich etwa 36 000 km zurück. In ihrem Brutgebiet leben die Vögel in großen Kolonien zusammen und vertreiben sogar einen beutegierigen Polarfuchs.

Pfeifschwan

Diese Vögel brüten in der Arktis. Mit Einbruch der kalten Jahreszeit fliegen sie über weite Strecken nach Süden, bis nach Europa, China, Japan und Nordamerika. Bereits im Alter von drei Monaten können die Jungvögel ihren Eltern dabei folgen. Die Weibchen legen die Eier in einem Nest aus Moos und Gras auf dem Boden ab. Es wird mit den weichen, wärmenden Daunen ausgepolstert, die das Weibchen aus seinem Brustgefieder zupft.

Es gibt mehrere Rassen, die sich in der Verteilung der gelben und schwarzen Farbe unterscheiden.

Die Männchen und Weibchen des Pfeifschwans sind äußerlich völlig gleich.

Pfeifschwan
(Cygnus columbianus)
Länge: 1,2 m

Odinshühnchen

Das Weibchen des Odinshühnches ist bunter gefärbt als das Männchen und auch bei der Balz aktiver. Der Annäherungsversuch eines anderen Weibchens wird durch Schnabelhiebe abgewehrt. Beim Brutgeschäft übernimmt das Männchen die größere Aufgabe. Die Jungen können sich bereits drei Wochen nach dem Schlüpfen selbst versorgen. Bei Einbruch des Winters ziehen die Vögel nach Süden.

Odinshühnchen
(Phalaropus lobatus)
Länge: 18 cm

Das Männchen führt die Jungen, die durch Streifen getarnt sind.

Amerika

Amerika besteht aus zwei riesigen Landmassen: Nord- und Südamerika. Zu Nordamerika rechnet man auch die Karibischen Inseln und Zentralamerika, das mit seiner Gebirgskette die Brücke zu Südamerika bildet. In Südamerika herrscht ein wärmeres Klima als in Nordamerika, und hier gibt es die größte Vielfalt an Vögeln auf der ganzen Welt. Viele Millionen Jahre war Südamerika von Nordamerika getrennt. Deshalb leben in Südamerika viele Vögel, die man sonst nirgendwo finden kann. Zu ihnen gehören so merkwürdige Tiere wie der Hoatzin und der Fettschwalm. Etwa die Hälfte aller Vogelarten brütet in den tropischen Regenwäldern Südamerikas oder fliegt auf den Wanderzügen über dieses Gebiet. Im Gegensatz dazu gibt es in Nordamerika viel weniger Vogelarten. Gründe sind das kühlere Klima, aber auch die vielen in Nordamerika lebenden Menschen. Sie haben große Teile des Landes durch Landwirtschaft, Viehzucht und Städtebau völlig verändert. Außerdem starben viele Vogelarten während der Eiszeit aus oder zogen sich nach Süden zurück. Auch heute fliegen viele Vögel im Winter nach Mittel- und Südamerika.

Die Kontinentalverschiebung

Unsere Erde ist im Inneren flüssig und hat nur eine dünne Kruste, die aus einzelnen Platten besteht. Wie Eisschollen auf dem Wasser schwimmen die Platten auf dem flüssigen Erdmantel und bewegen sich seit Millionen von Jahren hin und her. Die höchsten Erhebungen der Platten, die Kontinente, machen diese Drift mit. Nord- und Südamerika sind z. B. lange Zeit nicht miteinander verbunden gewesen, deshalb hat sich die Tier- und Pflanzenwelt in dieser Zeit ganz verschieden entwickelt. Erst im jüngsten Teil der Erdgeschichte nahmen die Kontinente die uns bekannte Lage und Form an.

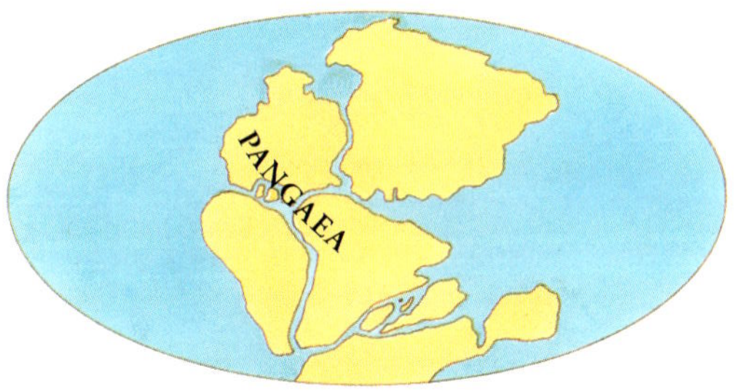

Vor etwa 200 Millionen Jahren bestand auf der Erde nur eine Landmasse, der Urkontinent Pangaea. Er zerbrach in einzelne Platten.

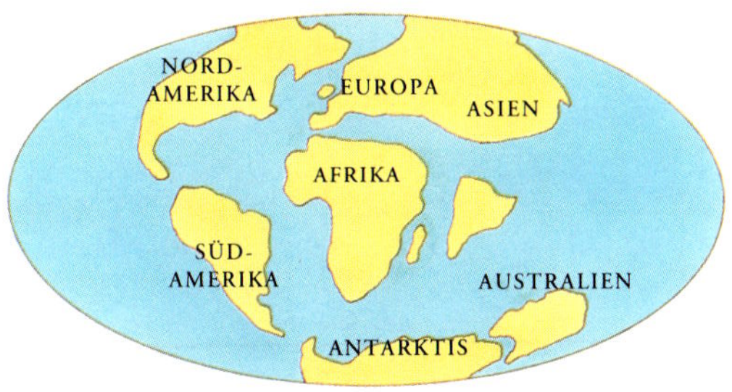

Vor etwa 50 Millionen Jahren waren die einzelnen Platten weit auseinandergedriftet. Nordamerika hatte sich von Europa und Asien getrennt, und Südamerika bildete einen selbständigen Kontinent. Auf ihm entwickelte sich eine eigene Vogelwelt.

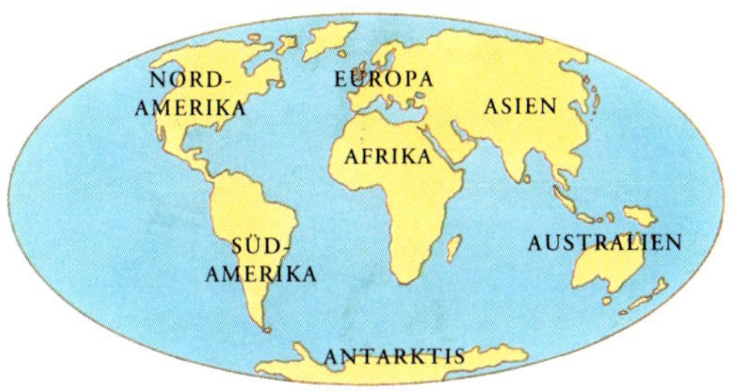

Vor etwa 3 Millionen Jahren hatten die Kontinente bereits die uns heute bekannte Lage eingenommen. Nord- und Südamerika waren wieder miteinander verbunden. Mittelamerika bildete die Brücke, über die viele Vögel in beiden Richtungen flogen.

Fakten über amerikanische Vögel

Der langsamste Flug
Die Amerikanische Waldschnepfe fliegt für einen Vogel unvorstellbar langsam, etwa 8 km/h.

Der kleinste Vogel
Ein erwachsenes Männchen des auf Kuba lebenden Zwergkolibris ist nur etwa 5,7 cm lang.

Hummelkolibri
(Calypte helenae)

Die schnellste Ausbreitung
1890 wurden in New York 120 Stare ausgesetzt. Nur 50 Jahre später hatten sie sich über fast ganz Nordamerika ausgebreitet.

Das schwerste Nest
Von allen Vögeln baut der Weißkopfseeadler das schwerste Nest. Es kann bis zu 2 t wiegen, soviel wie 2 Autos.

Der tiefste Taucher
Von den flugfähigen Vögeln taucht der Eistaucher mit 81 m am tiefsten.

Der schnellste Läufer
Von allen flugfähigen Vögeln ist der Erdkuckuck der schnellste, er erreicht 29 km/h.

Erdkuckuck
(Geococcyx californianus)

Klima und Landschaft

Die beiden Teile Amerikas erstrecken sich von der Arktis bis zur Antarktis. Alle großen Lebensräume, die es auf der Erde gibt, sind hier zu finden: von den dunklen immergrünen Nadelwäldern bis zum tropischen Regenwald, von den trockensten Wüsten bis zu den Sumpfgebieten. Zwei große Gebirgsketten erstrecken sich im Westen des Kontinentes, die Rocky Montains und die Anden. Nur wenige Vögel können diese Mauer überwinden.

Im Spätsommer gibt es in der Karibik schwere Stürme, die ziehende Vögel weit vom Kurs abbringen können.

Fakten über Amerika

Anzahl der Vogelarten
Mehr als 3100 verschiedene Vogelarten leben in Südamerika. In Kolumbien allein brüten mehr als 1700 Arten. Dagegen sind es in den USA und Kanada lediglich 650 Arten.

Der größte Binnensee
Der Obere See ist der größte See in Nordamerika, gefolgt vom Huronsee und dem Michigansee. Größer ist nur das Kaspische Meer.

Der längste Gebirgszug
Die Anden bilden die längste Gebirgskette der Welt. Sie erstrecken sich an der Westseite Südamerikas über 7250 km hinweg.

Der lange Fluß
Der Amazonas ist der wasserreichste und nach dem Nil der zweitlängste Fluß der Welt. Er entspringt in den Anden, fließt durch Brasilien und mündet in den Atlantik. Etwa ein Fünftel des Süßwassers der Erde fließt in diesem Flußsystem.

Der höchste Wasserfall
Im Engel-Wasserfall in Venezuela stürzt das Wasser 979 m in die Tiefe.

Die höchste Temperatur
Das Tal des Todes in Nordamerika gehört zu den heißesten Stellen der Erde. Im Sommer werden dort Temperaturen von 55 °C gemessen.

Das älteste Gebirge
Die Appalachen entstanden vor mehr als 250 Millionen Jahren und gehören zu den ältesten Gebirgen der Erde.

Die Menschen nutzen den Kot der Pelikane und anderer Seevögel als Düngemittel (Guano).

Typische Vögel

Von den vielen verschiedenen Vögeln, die es in Amerika gibt, werden hier einzelne Vertreter gezeigt. Sie sind typisch für die folgenden Lebensräume.

Wüsten
Mit einer Ausnahme leben alle Zaunkönigsarten in Amerika. Den Kaktus-Zaunkönig (links) gibt es nur in der Wüste.

Grasländer
Die Kanincheneule (links) lebt in den Grasländern und Halbwüsten Nordamerikas. Auf dem ganzen Kontinent gibt es mehr als 60 Arten, zu denen auch der Sperlingskauz gehört.

Gebirge
Guans wie dieser scheue Andenguan (rechts) leben hauptsächlich in den Gebirgen Mittel- und Südamerikas.

Flüsse, Seen und Sümpfe
Die Brautente lebt an Gewässern und legt ihr Nest in einer Baumhöhle an. Außer vielen anderen Arten gibt es in Nordamerika Eider-, Dampfschiff- und Trauerenten.

Wälder
Krähen, Elstern und Eichelhäher (rechts) sind in den Wäldern Nordamerikas sehr häufig. In Nordamerika gibt es mehr als 30 Arten von Eichelhähern.

Inseln
Der Akiapalaau (rechts) gehört zu den etwa 40 Arten von Zuckervögeln. Er kommt nur auf Hawaii vor.

Tropischer Regenwald
Der Riesentukan (links) ist im tropischen Regenwald Südamerikas weit verbreitet, aber außer ihm gibt es noch etwa 40 andere Tukan-Arten.

Wälder und Forste

Wie ein 800 km breiter Gürtel ziehen sich dichte, immergrüne Nadelwälder durch ganz Kanada. Man nennt sie auch boreale Waldzone. Die Wälder bestehen zum größten Teil aus Kiefern, Tannen und Fichten. Ihre Zapfen, Samen, Nadeln und Knospen werden von verschiedenen Vögeln verzehrt. Die Böden sind oft sumpfig, und es gibt viele Seen. Auf dem Waldboden leben unter der dicken Schicht abgefallener Blätter viele Insekten und Würmer, die anderen Vögeln als Nahrung dienen. Alle diese Vögel brüten hier, ziehen aber vor Einbruch des Winters nach Süden.
An die Nadelwälder schließen sich im Süden große Laubwälder an. Das Klima ist wärmer und feuchter. Viele verschiedene Arten von Eichen und Ahornen, aber auch Walnuß und Hickory wachsen hier. Die Vögel finden ein reiches Angebot von Nistplätzen und Futter und leben ständig in diesem Gebiet. Große Flächen des Laubwaldgürtels wurden abgeholzt, um Flächen für die Land- und Viehwirtschaft, für Siedlungen und die Industrie zu gewinnen.

Weißkopfseeadler

Der Wappenvogel der Vereinigten Staaten hat ein auffälliges Balzverhalten, bei dem die Vögel mit verhakten Krallen in der Luft übereinanderkugeln. Das Paar baut auf Bäumen oder Felsklippen ein riesiges Nest, das in jedem Jahr durch Zweige und Erde vergrößert wird. Die Nahrung besteht hauptsächlich aus Fischen, aber auch aus Vögeln.

Die weißen Federn erhält der Vogel erst im Alter von vier Jahren.

Der Weißkopfseeadler kann Fische von der Größe eines Lachses erbeuten.

Weißkopfseeadler
(Haliaeetus leucocephalus)
Länge: 81 cm
Flügelspannweite: bis 2,2 m

In der Laubwaldzone wachsen viele Ahornbäume. Im Herbst färbt sich ihr Laub goldgelb oder rot.

Saftlecker

Der Saftlecker gehört zur Verwandtschaft der Spechte. Er schlägt Reihen von Löchern in den Stamm von Birken und anderen Bäumen und wartet, daß der Saft austritt und am Stamm herabläuft. Dann leckt er den süßen Zuckersaft mit seiner pinselförmigen Zunge auf. Dabei verzehrt er auch Insekten, die in der klebrigen Flüssigkeit hängenbleiben. Im Winter fliegt der Saftlecker in die wärmeren Klimazonen Mittelamerikas und zu den Karibischen Inseln.

Saftlecker
(Sphyrapicus varius)
Länge: 21 cm

Der Saftlecker stützt sich mit den steifen Schwanzfedern.

Wenn die Virginiawachteln gestört werden, fliegen sie aus ihrer Erdmulde in verschiedene Richtungen davon, um einen Feind zu verwirren.

Virginiawachtel
(Colinus virginianus)
Länge: 25 cm

Virginiawachtel

Außerhalb der Brutzeit übernachten 15 bis 30 Vögel in einer Erdmulde. Dabei bilden sie einen Ring, bei dem ihr Kopf nach außen zeigt. Jeder Feind wird sofort erkannt, und die ganze Gruppe fliegt auf. Schon die Jungvögel zeigen dieses angeborene Verhalten.

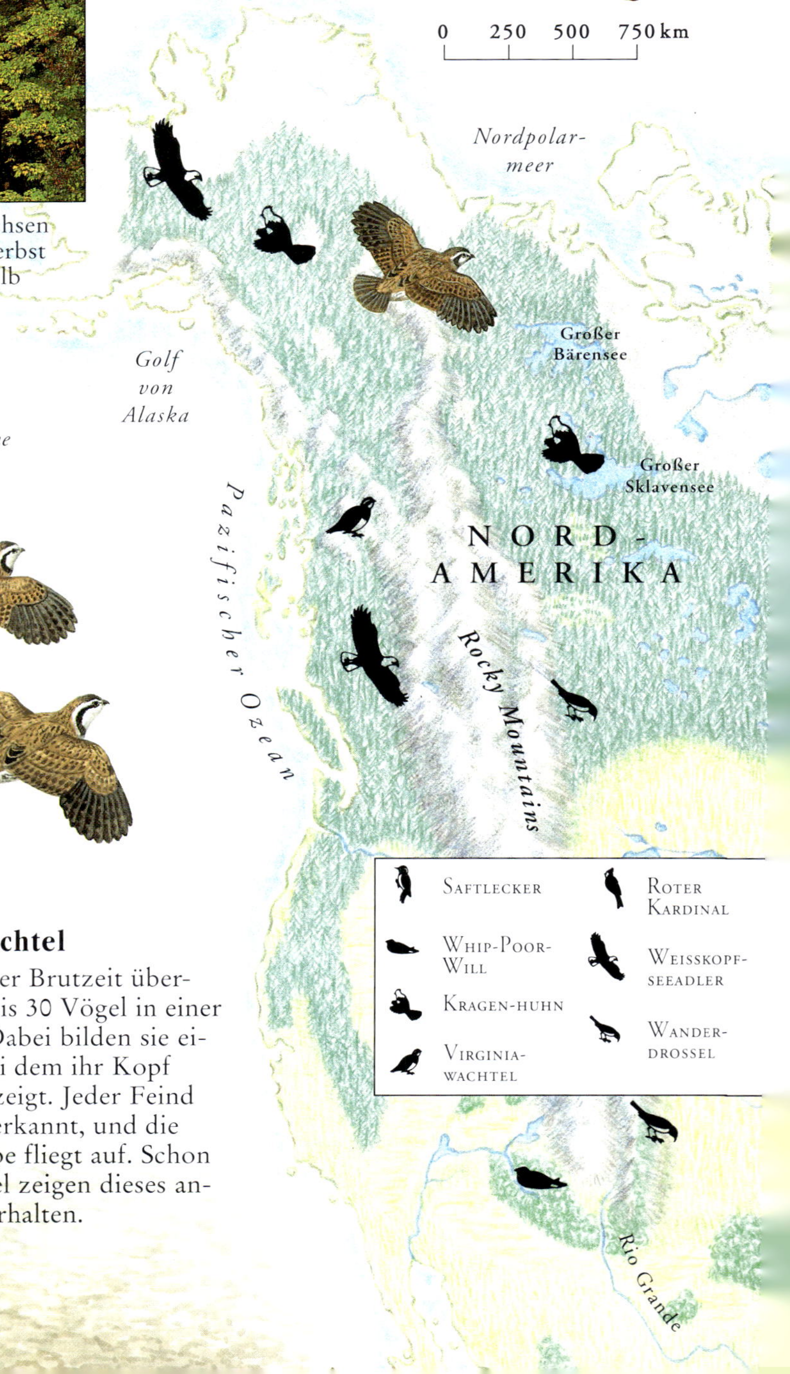

Eulen – die Greifvögel der Nacht

Eulen haben kurze, abgerundete Flügel, mit denen sie leicht durch die Baumkronen fliegen können. Ihre großen Augen sind nach vorn gerichtet und können nicht bewegt werden. Die Augen der Eule sind hundertmal empfindlicher als die eines Menschen. Eulen haben ein großes Gesichtsfeld und können das Gesicht bis in den Nacken drehen. Viele Eulen jagen nachts und spüren die Beute durch das Gehör auf. Die Ohröffnungen sind unter den Federn verborgen.

Die Schwungfedern haben einen Fransenkamm, der die Fluggeräusche mindert. Eulen können fast lautlos fliegen.

Eulen haben kräftige Beine und spitze, gebogene Krallen.

Eine Wendezehe kann den anderen gegenübergestellt werden und ermöglicht einen festen Griff.

Die Eule gleitet leise von ihrem Sitzplatz herab durch die Luft. Mit vorgestreckten Füßen ergreift sie ein Beutetier und tötet es mit den spitzen Krallen. Dann wird es mit dem Kopf voran im ganzen heruntergewürgt. Die unverdaulichen Reste werden als Gewölle wieder ausgespien.

Roter Kardinal

Diese Vögel haben einen flötenden Gesang. Die Männchen und Weibchen wechseln sich darin ab, als würden sie einander antworten. Sie behalten ihr Revier das ganze Jahr und halten Artgenossen durch ihren Gesang fern. Das Nest wird im Gebüsch angelegt und enthält zwei bis fünf Eier. Die Jungen bleiben nur neun bis zehn Tage im Nest.

Männchen

Das Männchen ist bunter gefärbt als das Weibchen.

Weibchen

Roter Kardinal
(Cardinalis cardinalis)
Länge: 22 cm

Kragenhuhn
(Bonasa umbellus)
Länge: 43 cm

Kragenhuhn

Im Frühjahr sitzt das Männchen auf einem Baumstamm und erzeugt durch schnelle Flügelschläge ein lautes Schwirren. Das Federbüschel an den Halsseiten wird dabei zu einem Kragen abgespreizt. Das Weibchen legt neun bis zwölf Eier und zieht die Nestlinge allein auf. Während dieser Zeit ernährt es sich hauptsächlich von Blütenkätzchen der Bäume.

Das Männchen schwirrt mit den Flügeln.

Bei der Balz breitet das Männchen den Schwanz fächerförmig aus, um ein Weibchen anzulocken.

Durch das bräunliche Gefieder ist der Vogel zwischen dem Laub kaum zu erkennen.

Whip-Poor-Will
(Caprimulgus vociferus)
Länge: 25 cm

Whip-Poor-Will

»Wip-pur-wil« ruft das Männchen im Frühsommer immer wieder seinen Namen und grenzt dadurch ein Revier ab. Am Tag sitzen die Vögel auf dem Waldboden und schlafen. Mit Beginn der Abenddämmerung fliegen sie mit offenem Schnabel dicht über den Boden und fangen auf diese Weise Insekten.

Die Vögel haben eine braunrote Unterseite.

Wanderdrossel
(Turdus migratorius)
Länge: 25 cm

Wanderdrossel

Ursprünglich brütete dieser Vogel ausschließlich in lichten Wäldern. Inzwischen hat er sich so sehr an den Menschen gewöhnt, daß er auch in die Gärten kommt und hier in den Bäumen brütet. Die Wanderdrossel ernährt sich von Insekten und Würmern, frißt aber auch Früchte. Im Winter zieht sie nach Süden.

Gebirge

Im Westen Nordamerikas erstreckt sich ein gewaltiger Gebirgszug, der von den Rocky Mountains, der Kaskadenkette und der Sierra Nevada gebildet wird. Die Rocky Mountains halten die Westwinde, die sich über dem Pazifik mit Feuchtigkeit angereichert haben, wie ein Wall ab. Wenn diese Luft aufsteigt, kühlt sie sich ab und kann ihre Feuchtigkeit nicht mehr tragen. Es bilden sich Tropfen, die als Regen oder Schnee auf die Erde fallen. In den Gebirgen gibt es zahlreiche Vogelarten, die auf bestimmte Lebensräume spezialisiert sind.

Im verhältnismäßig warmen und feuchten Klima der unteren und mittleren Gebirgslagen, wo es dichte Wälder gibt, leben z. B. Spechte und Tannenhäher, Eichelhäher und Meisen. In der hohen Gebirgslage ist es kälter und trockener, und die Wälder werden von Grasländern abgelöst. Darüber erstreckt sich das ewige Eis. In dieser Höhe kreisen Adler und andere Raubvögel, die sich von der aufsteigenden Luft in die Höhe tragen lassen. Es gibt nur wenige Vögel, die in dieser eisigen Kälte leben können, z. B. Schneehühner.

Steinadler
(Aquila chrysaetos)
Länge: bis 1 m
Flügelspannweite: bis 2 m

Mit dem kräftigen, scharfrandigen Schnabel wird die Beute zerrissen.

Mit den starken Krallen werden Beutetiere, z. B. Kaninchen, ergriffen und fortgetragen.

Steinadler

Stundenlang gleitet der Steinadler in großer Höhe über den Boden und sucht nach Beutetieren. Plötzlich stößt er im Sturzflug herab und schlägt seine Krallen in das Tier. Vögel erbeutet er in der Luft. Wenn im Winter die Nahrung knapp ist, schlägt er sogar Ziegen und Schafe. In den Gebirgen baut er seinen riesigen Horst an einer steilen Felswand aus Zweigen und Ästen.

Elster

Die Elster lebt in Wäldern, hat sich aber so sehr an den Menschen gewöhnt, daß sie auch bis in die Großstädte vordringt. Sie frißt vor allem Insekten und kleine Nagetiere. Das auffällige Nest wird aus Ästen und Zweigen gebaut, aber bei ständiger Störung aufgegeben. Im Winter schließen sich die Elstern zu großen Gruppen zusammen.

Elster
(Pica pica)
Länge: 50 cm

Der Schwanz ist länger als der Körper.

In den Nadelwäldern der Rocky Mountains finden die Vögel Schutz vor Wind und Wetter.

Amerikanisches Alpenschneehuhn

Durch ein schneeweißes und dichtes Winterkleid ist das Schneehuhn hervorragend getarnt und vor Kälte geschützt. Es legt lange Gänge im Schnee an, um an die Knospen und Blätter der Zwergsträucher zu gelangen, von denen es sich ernährt. Im Sommer haben die Vögel ein bräunliches, geflecktes Federkleid. So ist das brütende Weibchen auf dem Nest kaum zu sehen.

Amerikanisches Alpenschneehuhn
(Lagopus leucurus)
Länge: 32 cm

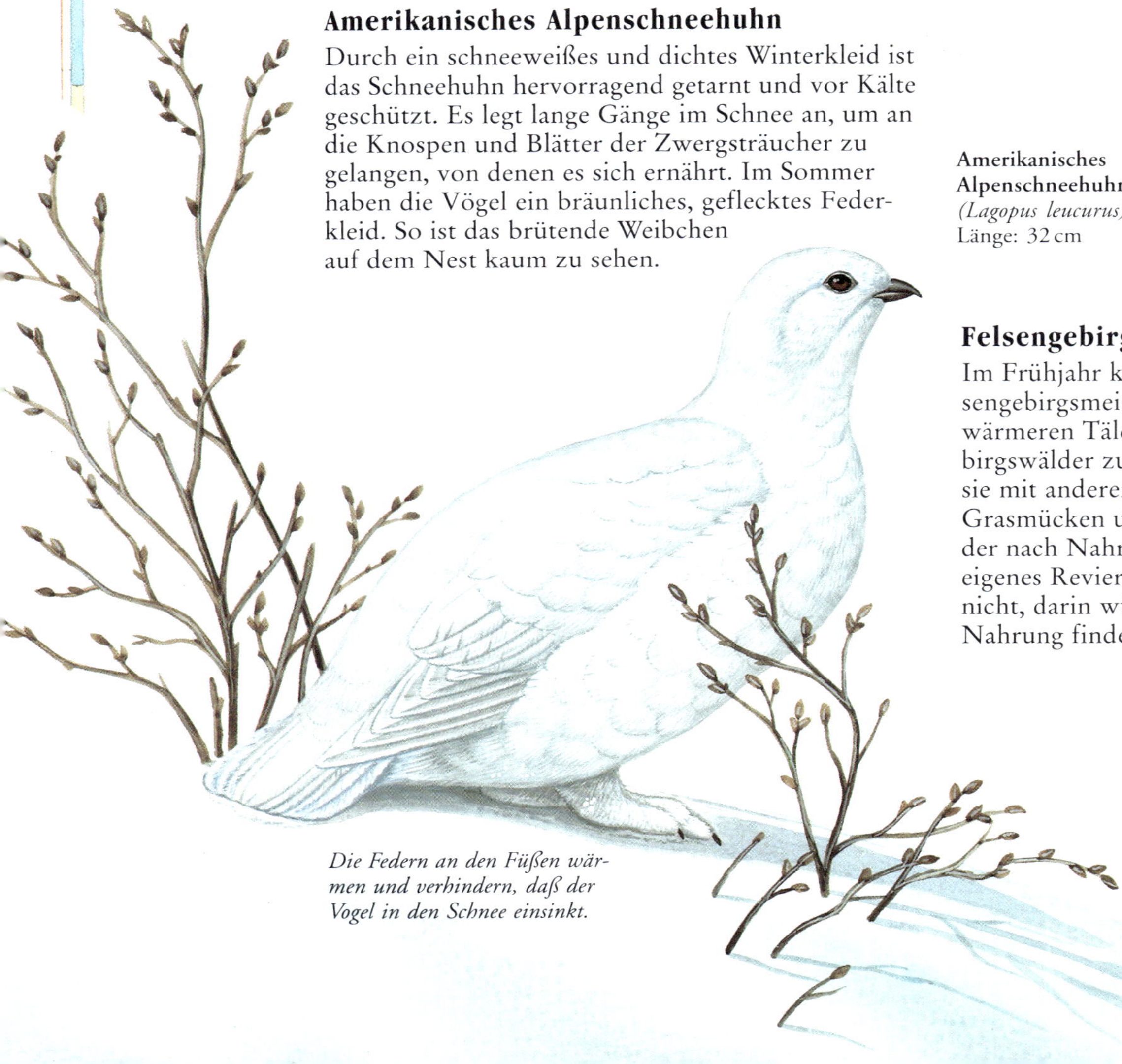

Die Federn an den Füßen wärmen und verhindern, daß der Vogel in den Schnee einsinkt.

Felsengebirgsmeise

Im Frühjahr kehrt die Felsengebirgsmeise aus den wärmeren Tälern in die Gebirgswälder zurück. Dort hat sie mit anderen Vögeln, z. B. Grasmücken und Vireos die Wälder nach Nahrung abgesucht. Ein eigenes Revier hat sie zu dieser Zeit nicht, darin würde sie auch zu wenig Nahrung finden.

Felsengebirgsmeise
(Parus gambeli)
Länge: 15 cm

Die Felsengebirgsmeise ernährt sich von Insekten sowie von den Samen der Koniferen.

Wüsten

Die Wüsten im südwestlichen Teil der USA werden von erstaunlich vielen Vögeln bewohnt. Um sich vor der brennenden Sonne zu schützen, halten sie sich tagsüber im Schatten von Felsen auf oder ziehen sich in Erdhöhlen zurück, die Säugetiere angelegt haben. Wasser ist ausgesprochen rar. In der Sonorawüste fallen weniger als 200 mm Niederschläge im Jahr, und im Großen Becken sind es nur 40 mm. Die Vögel nehmen einen Teil der notwendigen Flüssigkeit mit der Nahrung auf, mit Früchten und Samen oder Beutetieren. Manche Vögel bauen ihr Nest zwischen den Dornen der Kakteen, wo es besonders gut geschützt ist. Einige meißeln eine Höhle in den Stamm von Kadelaberkakteen und legen das Nest darin an. Im Großen Becken wachsen viele Wermutbüsche, die den Vögeln ein energiereiches Futter liefern.

Der Gila-Specht sucht einen Riesenkaktus nach Insekten ab, mit denen er seine Nestlinge im Inneren des Kaktus füttert.

Kaktus-Zaunkönig

Der größte amerikanische Zaunkönig baut mehrere Nester. In einem hält er sich während der Nacht auf, in einem anderen sucht er Schutz vor der Hitze, und in wieder einem anderen werden die Jungen aufgezogen. Alle Nester werden an einem Kaktus, einer Yucca oder in einem Dorngebüsch gebaut. Die scharfen Dornen halten alle Feinde ab, dem Zaunkönig machen sie nichts aus.

Kaktus-Zaunkönig
(Campylorhynchus brunneicapillus)
Länge: 21 cm

Erdkuckuck

Wie der Name sagt, hält sich dieser Kuckuck ständig am Boden auf. Er ist sehr scheu und bringt sich bei Gefahr mit einem Sprint von etwa 20 km/h in Sicherheit. Dabei helfen ihm die kurzen Flügel, die seine Geschwindigkeit erhöhen, und der lange Schwanz, der als Steuerruder dient. Bei der Nahrungssuche stürzt er sich auf alles, was sich bewegt.

Elfenkauz
(Micrathene whitneyi)
Länge: 15 cm

Elfenkauz

Diese kleinste Eule der Welt ist nicht größer als die Hand eines Erwachsenen. Sie fliegt nachts umher und ergreift Insekten und andere kleine Tiere. Sie verzehrt sogar Skorpione – allerdings erst, nachdem sie den Giftstachel abgebrochen hat. Tagsüber hält sich diese Eule in Höhlen auf. Bei Gefahr stellt sie sich tot, bis sie sich wieder sicher fühlt.

Der Erdkuckuck frißt Schnecken, Eidechsen, Mäuse, Heuschrecken und sogar junge Klapperschlangen.

Erdkuckuck
(Geococcyx californianus)
Länge: 60 cm

Flüsse, Seen und Sümpfe

Diese Lebensräume bieten ein reiches Nahrungsangebot, sie sind ein wahres Vogelparadies. Lange Zeit kamen viele Menschen hierher, um Enten, Gänse und andere Wasservögel zu schießen. Heute sind große Flächen zu Naturschutzgebieten ausgewiesen worden. Aber immer noch werden sie durch Umweltgifte bedroht, die aus den Haushalten, von der Landwirtschaft und der Industrie stammen.

Im Südosten der USA, in den Everglades in Florida und in den Flußarmen des Mississippideltas, gibt es riesige Feuchtgebiete, in denen Sumpfzypressen wachsen. Schlinggewächse durchziehen ihr Geäst, und auf den Zweigen wachsen Flechten und Orchideen. Im Norden gibt es große Seen, die während der Eiszeit entstanden sind.

Schreikranich
(*Grus americana*)
Länge: 1,2 m

Schreikranich

Der Schreikranich war in Nordamerika weit verbreitet, aber vor 50 Jahren mußte mit seinem Aussterben gerechnet werden. Strenge Schutzmaßnahmen haben das verhindert. Heute brütet der Schreikranich in Nordwestkanada. Sein Winterquartier hat er dagegen in Texas.

Eistaucher

Auf dem Lande können sich die Eistaucher nur ungeschickt bewegen, um so eleganter sind sie im Wasser. Sie schwimmen hervorragend und tauchen bis zu 80 m weit. Wenn die Jungen geschlüpft sind, verteidigt das Weibchen das Nest erfolgreich gegen kleine Raubtiere und sogar gegen einen Fuchs, indem es mit dem spitzen Schnabel nach dessen Augen zielt.

Eistaucher
(*Gavia immer*)
Länge: 90 cm

Von Nadelwäldern umgebene Seen in Nordwestkanada sind die letzten Brutgebiete des Schreikranichs.

Nordamerikanischer Großfischer
(*Megaceryle alcyon*)
Länge: 32 cm

Nordamerikanischer Großfischer

Dieser Eisvogel stürzt sich blitzschnell in das Wasser, um mit seinem starken Schnabel einen Fisch zu ergreifen. Oft fliegt er dicht über die Oberfläche und taucht von dort nach einer Beute. Seinen lauten Ruf stößt er beim Fliegen aus. Das Weibchen legt die Eier am Ende eines Tunnels ab, der in das Steilufer gegraben wird.

Die Everglades

Im subtropischen Sumpfland in Südflorida finden zahlreiche Vögel beste Lebensbedingungen. Viele Arten brüten hier, andere, die ihre Jungen im Norden aufziehen, machen Rast.
Das ganze Gebiet liegt nur wenige Meter über dem Meeresspiegel. Große Grasflächen und einzelne Baumgruppen wechseln sich in diesen Sümpfen ab, die von tiefen Kanälen durchzogen werden. An der Küste wachsen Mangroven, zwischen deren Wurzeln sich Schlamm ablagert, der neues Land bildet. Die Vögel haben ein reiches Nahrungsangebot, das von Insekten bis zu Fischen reicht.

Schneckenweih

Der Schneckenweih hat sich auf Apfelschnecken spezialisiert. Sobald er eine Schnecke entdeckt, ergreift er sie mit dem Fuß und fliegt zu seinem Standplatz. Er zwängt seinen Schnabel zwischen Deckel und Gehäuse der Schnecke, bis er das Fleisch herausziehen kann. Der Schneckenweih war vom Aussterben bedroht. Nachdem er geschützt wurde, nimmt sein Bestand wieder zu.

In den Sümpfen der Everglades wachsen Bäume an höhergelegenen Stellen. Sie schützen das Gebiet bei Wind und Sturmflut.

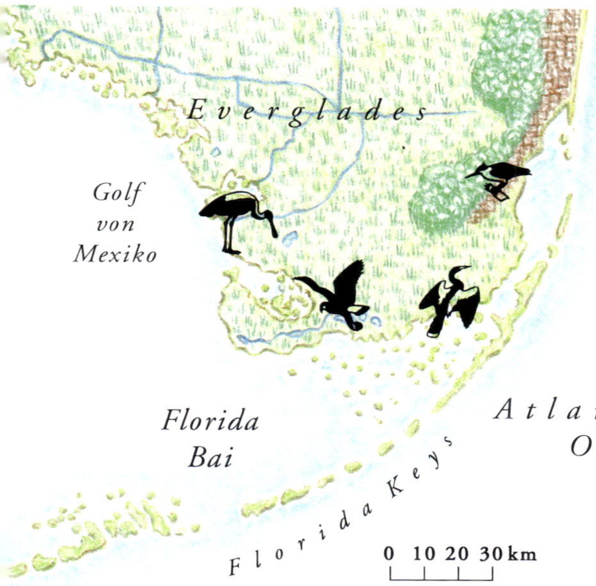

Der lange Oberschnabel ist stark gebogen.

Schneckenweih
(Rostrhamus sociabilis)
Länge: 46 cm

Das Männchen hat rote Beine, beim Weibchen und den Jungen sind sie orangefarben.

Rosalöffler
(Ajaia ajaja)
Länge: 81 cm

Der Vorderschnabel ist löffelartig verbreitert.

Hinter jedem Auge liegt eine Ohröffnung.

Rosalöffler

Eine Kolonie von brütenden Rosalöfflern in den Everglades zu beobachten, ist ein besonderes Erlebnis. Bei der Balz versucht das Männchen durch lautes Schnabelklappern und Überreichen von Zweigen die Aufmerksamkeit des Weibchens auf sich zu richten. Mit seinem breiten Schnabel siebt der Rosalöffler kleine Tiere aus dem Wasser. Wegen seiner schönen Federn wurde er lange Zeit gejagt, heute steht er unter Naturschutz.

Beim Weibchen sind Hals und Brust hellbraun.

Die großen Flügel werden zum Trocknen ausgebreitet.

Amerikanischer Schlangenhalsvogel
(Anhinga anhinga)
Länge: 91 cm

Amerikanischer Schlangenhalsvogel

Der Vogel kann beim Schwimmen so weit eintauchen, daß nur noch Hals und Kopf zu sehen sind. Wenn er einen Fisch erspäht, stößt er blitzschnell zu und ergreift die Beute mit dem Schnabel. Große Fische werden emporgeworfen und mit dem Kopf voran verschluckt. Beim Fliegen biegt der Schlangenhalsvogel seinen Hals S-förmig.

Mangrovereiher

Dieser grünlich gefärbte Reiher jagt seine Beutetiere vorwiegend nachts. Tagsüber verbirgt er sich im Gebüsch. Der Vogel baut sein Nest in der Nähe von Gewässern. Zu seiner Nahrung gehören Fische, die er beim Tauchen erbeutet.

Bei Aufregung richtet der Vogel den Kamm auf.

Der Mangrovereiher sitzt oft still am Rande eines Gewässers und wartet auf Beute.

Mangrovereiher
(Butorides striatus)
Länge: 48 cm

Mittelamerika und die Karibischen Inseln

Mittelamerika ist geographisch stark gegliedert, und es gibt viele Vogelarten, die ganz bestimmte Lebensräume einnehmen. Im Binnenland finden sich große Grasländer, die sich bis in die unteren Gebirgsregionen erstrecken. An der Küste wachsen Mangroven, und im Osten wechseln Sümpfe und tropischer Regenwald einander ab. Mittelamerika bildet eine Landbrücke zwischen Nord- und Südamerika, über die sich im Verlauf langer Zeiträume viele Tiere ausbreiten konnten. Vögel aus Nordamerika treffen hier mit südamerikanischen zusammen. Auch heute ziehen manche Arten aus Nordamerika im Winter über diese Landbrücke nach Süden.
Die Karibischen Inseln werden von riesigen untermeerischen Gebirgszügen gebildet, deren Spitzen aus dem Wasser ragen. Nur Vögel, die weit fliegen können, haben die Inseln vom Festland aus erreicht. Andere Arten sind hier entstanden, z. B. die Todis.

Quetzal
Die Maya und Azteken verehrten den Quetzal als einen heiligen Vogel. Heute ist er der Wappenvogel von Guatemala. Quetzals leben für sich und ernähren sich von Insekten und Früchten, die sie in den Baumkronen finden. Mit ihren langen Schwanzfedern locken die Männchen die Weibchen an.

Quetzal
(Pharomachrus mocinno)
Körperlänge: bis 20 cm
Schwanz: bis 60 cm lang

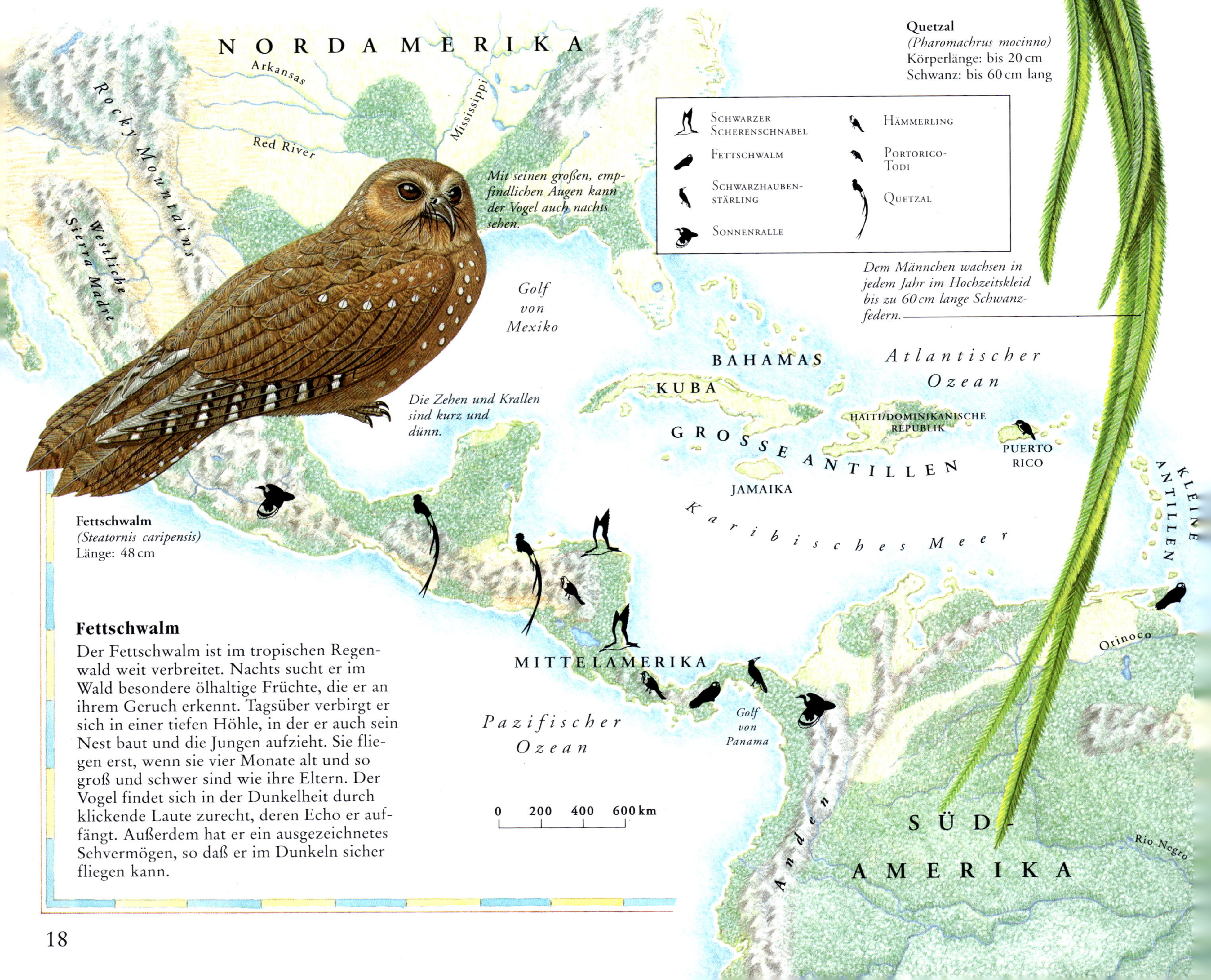

Fettschwalm
(Steatornis caripensis)
Länge: 48 cm

Fettschwalm
Der Fettschwalm ist im tropischen Regenwald weit verbreitet. Nachts sucht er im Wald besondere ölhaltige Früchte, die er an ihrem Geruch erkennt. Tagsüber verbirgt er sich in einer tiefen Höhle, in der er auch sein Nest baut und die Jungen aufzieht. Sie fliegen erst, wenn sie vier Monate alt und so groß und schwer sind wie ihre Eltern. Der Vogel findet sich in der Dunkelheit durch klickende Laute zurecht, deren Echo er auffängt. Außerdem hat er ein ausgezeichnetes Sehvermögen, so daß er im Dunkeln sicher fliegen kann.

Schwarzhaubenstärling

Diese Vögel leben in Gruppen zusammen und bauen ihre Nester an einem Baum. Bis zu hundert Nester können so dicht nebeneinander hängen. In der Menge sind die Vögel besser vor Feinden geschützt, und sie können einander warnen. Bei der Balz gibt das Männchen eine Reihe von glucksenden Lauten von sich und schlägt mit den Flügeln. Manchmal lehnt es sich soweit vor, daß es vom Ast fällt.

Schwarzhaubenstärling
(Psarocolius decumanus)
Länge: 43 cm

Hämmerling

Die Männchen haben einen weithin schallenden, glockenähnlichen Ruf, der bis zu 1 km weit zu hören ist. Von der Stirn und an beiden Seiten des Schnabels hängen lange Hautfäden herab. Die Weibchen sind bräunlich gefärbt und auf dem Nest kaum von der Umgebung zu unterscheiden.

Hämmerling
(Procnias tricarunculata)
Länge: 30 cm

Portorico-Todi
(Todus mexicanus)
Länge: 10 cm

Portorico-Todi

Diese Vogelart gibt es nur auf Puerto Rico. Die Vögel sitzen auf einem Zweig und warten auf Insekten, die sie in der Luft fangen. Das Nest wird am Ende einer langen Röhre angelegt, die sie an einer Uferböschung mit dem Schnabel graben.

Sonnenralle

Während der Balz breitet das Männchen seine Federn weit aus, um dem Weibchen auch jeden Fleck seines gelb und braun gefärbten Gefieders zu zeigen. Dabei ist das Weibchen kaum weniger prächtig gefärbt. Zwischen dem dichten Pflanzengewirr sind die Vögel dennoch nicht leicht zu erkennen. Sie schreiten langsam über den Waldboden und an Flußufern dahin. Dabei erbeuten sie mit ihrem spitzen Schnabel Insekten, aber auch Frösche.

Sonnenralle
(Eurypyga helias)
Länge: 46 cm

In den tropischen Wäldern Mittelamerikas wachsen viele Baumarten.

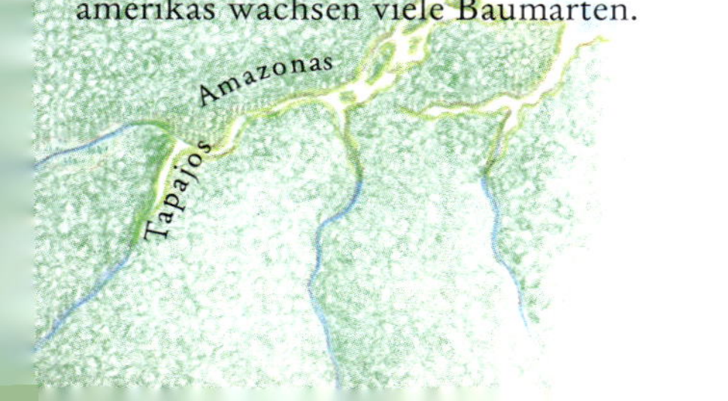

Schwarzer Scherenschnabel

Bei diesem Vogel ist der Oberschnabel viel kürzer als der Unterschnabel. Wenn das Tier dicht über die Wasseroberfläche fliegt, durchpflügt es mit dem Unterschnabel das Wasser. Stößt der Scherenschnabel damit gegen einen Fisch, schnappt der Oberschnabel herab und hält die Beute fest. Mit dem Kopf voran wird sie dann im ganzen verschluckt.

Schwarzer Scherenschnabel
(Rynchops nigra)
Länge: 50 cm

Das Amazonasbecken

Der tropische Regenwald im Amazonasbecken erstreckt sich von den Anden bis zum Atlantischen Ozean. Dieses größte Waldgebiet der Tropen ist etwa 12mal so groß wie Frankreich. Ein Fünftel aller Vogelarten der Welt lebt hier, und alle finden Nahrung, Wasser und Schutz zur Aufzucht ihrer Jungen. In den bis zu 60 m hohen Wäldern leben die Vögel in verschiedenen Etagen – wie die Menschen in einem Hochhaus. Jede Etage hat nicht nur eine bestimmte Menge von Sonnenlicht zur Verfügung, sondern liefert auch verschiedene Nahrung. Vögel wie die Tukane bevorzugen die obersten Baumkronen, Aras und Glanzvögel bewohnen den »Zwischenstock«, während andere Arten auf dem Boden nach Nahrung suchen.

Cuviers Tukan
(Ramphastos cuvieri)
Länge: 50 cm

Cuviers Tukan

Der riesige Schnabel des Tukans ist fast so lang wie der übrige Körper, aber er ist ganz leicht. Der Vogel pflückt damit Früchte von den Bäumen, die mit den gezähnten Schnabelrändern zerschnitten werden. Mit seinen bunten Farben wirkt der Schnabel wie ein Erkennungszeichen, und die Vögel erkennen einander im Laubgewirr der Bäume. Der Tukan frißt Insekten, Spinnen und sogar kleine Vögel.

Felsenhahn

Während der Balz umwirbt der Felsenhahn das Weibchen mit den erstaunlichsten Bewegungen. Bis zu 25 Männchen sitzen auf dem Boden. Sie springen in die Luft, bewegen ihren Kopf hin und her, klicken mit dem Schnabel, schlagen mit den Flügeln und breiten ihre Gefieder aus.

Die Weibchen sehen den Männchen gar nicht ähnlich.

Felsenhahn
(Rupicola rupicola)
Länge: 32 cm

Wenn das Männchen seinen Federkamm aufstellt, ist vom Schnabel nichts zu sehen.

Das Männchen führt seinen Tanz an einer offenen Stelle des Waldes vor.

Hellroter Ara

Bei Sonnenaufgang fliegt der Ara mit schrillen Schreien durch die Baumkronen und sucht Nahrung. Zwei Zehen seiner Füße sind nach vorn gerichtet, die anderen zwei nach hinten. So kann der Vogel sein Futter ergreifen und zum Schnabel führen.

Mit dem kräftigen Schnabel werden die härtesten Früchte und Samen geknackt.

Hellroter Ara
(Ara macao)
Länge: 85 cm

Mit den starken Zehen hat der Ara einen festen Griff.

Die Vögel des tropischen Regenwaldes sind oft bunt gefärbt. Im Spiel von Licht und Schatten sind sie trotzdem kaum zu erkennen.

Zwei Zehen sind nach vorn, zwei nach hinten gerichtet. Dadurch haben die Vögel einen sicheren Griff.

Tukane leben in kleinen Gruppen zusammen und sind sehr gesellig.

Mit dem starken Schnabel werden Stücke aus dem Beutetier gerissen.

Den messerscharfen, starken Krallen entkommt kein Tier, das einmal erfaßt ist.

Die Harpyie hat einen Kapuzineraffen erbeutet, sie jagt aber auch Faultiere und Nasenbären.

Harpyie
(Harpia harpyja)
Länge: 1,1 m

Harpyie

Dieser große und kräftige Adler jagt pfeilschnell durch die Baumkronen, um baumbewohnende Säugetiere zu jagen. Durch die unscheinbare Gefiederfarbe ist er sehr gut getarnt. Das Nest legen die Vögel hoch in den Baumkronen an.

Im Amazonasgebiet wächst der größte tropische Regenwald der Welt.

Adlerkolibri

Der Adlerkolibri sucht ganz bestimmte Blüten auf, aus denen er mit seinem langen, gebogenen Schnabel süßen Nektar holt. Seine Zunge bildet dabei eine lange Röhre, mit der die Flüssigkeit aufgesaugt wird. Der Nektar ist sehr energiereich, dennoch muß der Kolibri größere Mengen davon trinken. Bei seinem Schwirrflug braucht er viel Energie, weil er fast 100mal je Sekunde mit den Flügeln schlägt.

Adlerkolibri
(Eutoxeres aquila)
Länge: 13 cm

Weißbart-Ameisenvogel
(Pithys albifrons)
Länge: 11 cm

Weißbart-Ameisenvogel

Der Ameisenvogel ist immer in der Nähe von Wanderameisen zu finden. Gewöhnlich lauern die Vögel dicht über dem Boden, oder sie hängen an einem Zweig. Manchmal springen sie zwischen die Ameisen, um ein besonders großes Insekt zu fangen, dann fliegen sie sofort wieder auf.

Millionen von Wanderameisen ziehen in langen Kolonnen über den Waldboden.

Hoatzin

Der Hoatzin lebt am Ufer des Amazonas und seiner Nebenflüsse. Seine Flugmuskeln sind schwach ausgebildet, deshalb kann er nur schlecht fliegen. Gestützt durch die Flügel und den Schwanz klettert er in Baumkronen und ernährt sich von Blättern. Das Nest wird in der Nähe von Gewässern angelegt, und die gerade geschlüpften Jungen retten sich bei Gefahr ins Wasser.

Hoatzin
(Opistocomus hoatzin)
Länge: 66 cm

Die Jungvögel haben Krallen an den Flügeln, mit denen sie sich beim Klettern festhalten.

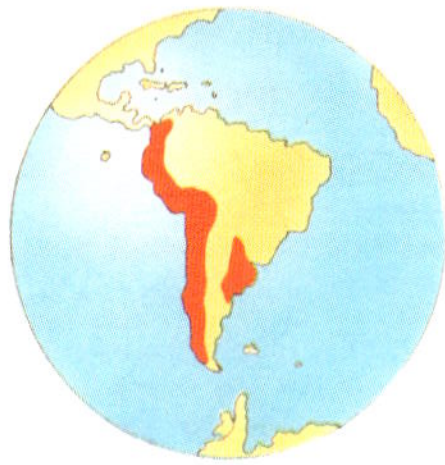

Die Anden

Die Anden bilden die längste Gebirgskette der Welt und ziehen sich an der gesamten Westküste Südamerikas entlang. Die Anden gehören zu den jüngsten Gebirgen und sind zugleich mit den Rocky Mountains und den Alpen entstanden. Das Gebirge wirkt wie eine riesige Mauer, die von den Vögeln nicht überwunden werden kann. Deshalb unterscheiden sich die Vogelarten im Westen der Anden deutlich von denen im Osten. Die Pflanzenwelt kann selbst auf kleinem Raum sehr verschieden sein. Sie umfaßt den tropischen Regenwald in der Ebene ebenso wie den Nebelwald und die Grasländer bis zum ewigen Eis.
In den höheren Gebirgslagen ist es nachts so kalt, daß einige Kolibris in einen Kälteschlaf fallen. Ihre Atmung verlangsamt sich, und die Körpertemperatur sinkt. Auf diese Weise sparen die Vögel Energie.

Der Anden-Kondor hat wohl die größte Flügelspannweite aller Vögel.

Mit seinem nackten Kopf dringt er in das Innere der Tiere ein, ohne die Federn zu beschmutzen.

Anden-Kondor
(Vultur gryphus)
Länge: 1,1 m
Flügelspannweite: bis 3 m

Anden-Kondor

Der Anden-Kondor ist nicht nur einer der größten Raubvögel der Welt, sondern mit 14 kg auch der schwerste. Dennoch legt er mit weit ausgebreiteten Flügeln riesige Strecken zurück und erreicht eine Flughöhe von 7000 m. Mit seinen scharfen Augen kann er aus großer Höhe tote Tiere erkennen, von denen er sich hauptsächlich ernährt. Aber er tötet auch schwache oder kranke Tiere. Manchmal raubt er die Nester von Seevögeln aus und frißt Eier und Nestlinge.

Schwertschnabelkolibri
(Ensifera ensifera)
Länge: 7,5 cm
Schnabellänge: 10,5 cm

Schwertschnabelkolibri

Der lange, gerade Schnabel dieses Kolibris reicht bis auf den Blütengrund der Fuchsien, wo der Nektar abgeschieden wird. Bei der Nahrungsaufnahme schwirrt der Kolibri vor der Blüte. Dabei berührt er mit dem Kopf die Staubbeutel einer Blüte und trägt die Pollenkörner auf die nächste. Dadurch werden die Blüten bestäubt und bilden später Früchte. Viele Blüten von tropischen Gewächsen werden nicht durch Insekten bestäubt, sondern von Vögeln.

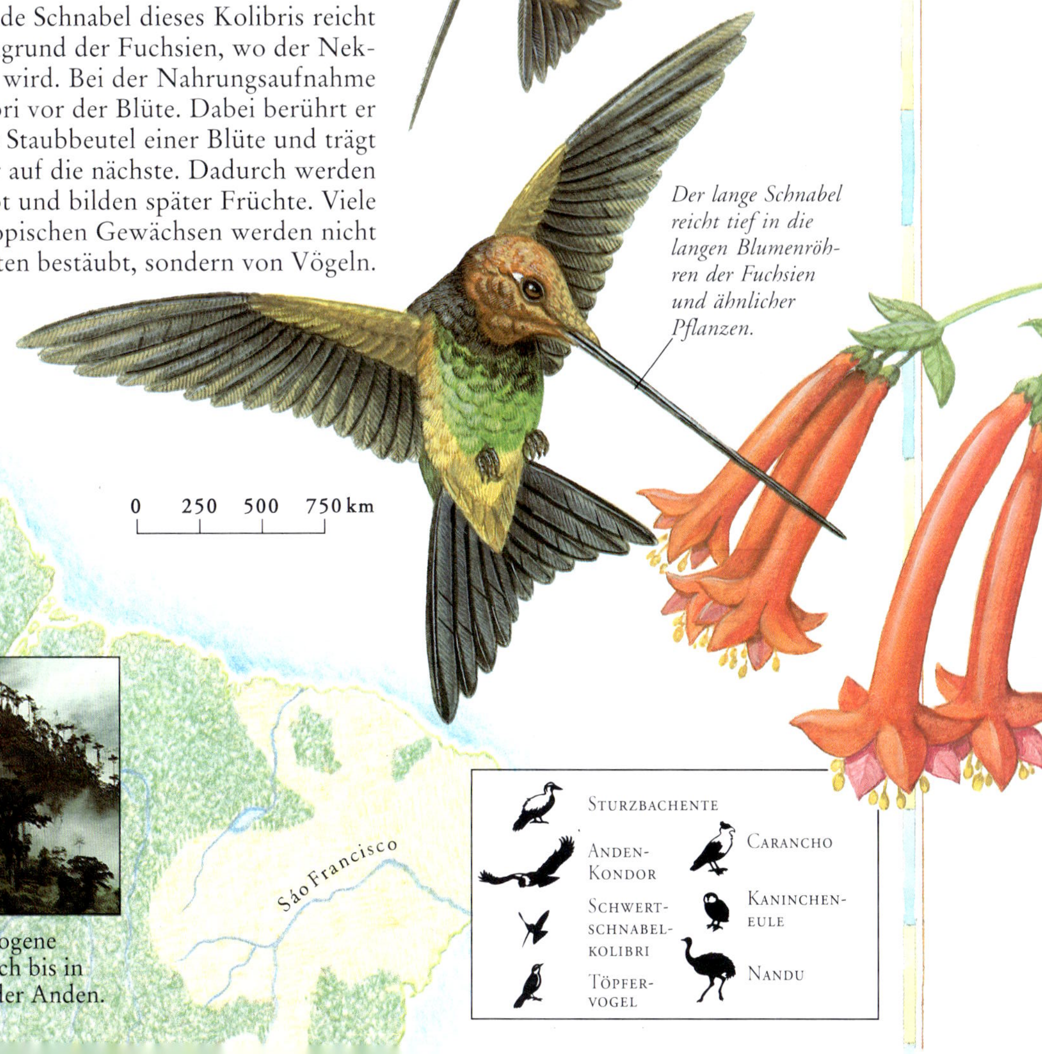

Der lange Schnabel reicht tief in die langen Blumenröhren der Fuchsien und ähnlicher Pflanzen.

Sturzbachente

Schnellfließende Bäche und Flüsse der Anden sind der Lebensraum der Sturzbachente. Sie läuft auf dem Untergrund stromaufwärts und hält sich dabei mit den scharfen Krallen an Steinen fest. Die steifen Schwanzfedern dienen dabei als Steuerruder. Die Ente erbeutet Insekten und andere Wassertiere. Die Jungen folgen ihren Eltern gleich nach dem Schlüpfen ins Wasser.

Sturzbachente
(Merganetta armata)
Länge: 46 cm

Mit ihrem schlanken Körper kann die Ente auch stromaufwärts schwimmen.

Der von Nebel durchzogene Regenwald erstreckt sich bis in die unteren Regionen der Anden.

Die Pampas

Dieses riesige Grasland liegt im Südosten Südamerikas. Das Klima ist hier trocken und wird von heißen Sommern und kühlen Wintern geprägt. Bäume können nur an den Flußläufen wachsen. Das trockene Gras der Pampas wird nicht selten durch Blitze entzündet. Aber auch die Farmer zünden es an, um das Gras zu neuem Wachstum anzuregen. Dabei können nur die Jungvögel überleben, deren Nest in Erdhöhlen liegt. Heute nutzt man große Gebiete der Pampas zur Viehzucht, und die natürliche Pflanzendecke ist zerstört. Nur wenige Vögel konnten überleben, z. B. der Töpfervogel. Viele andere sind ausgestorben oder selten geworden.

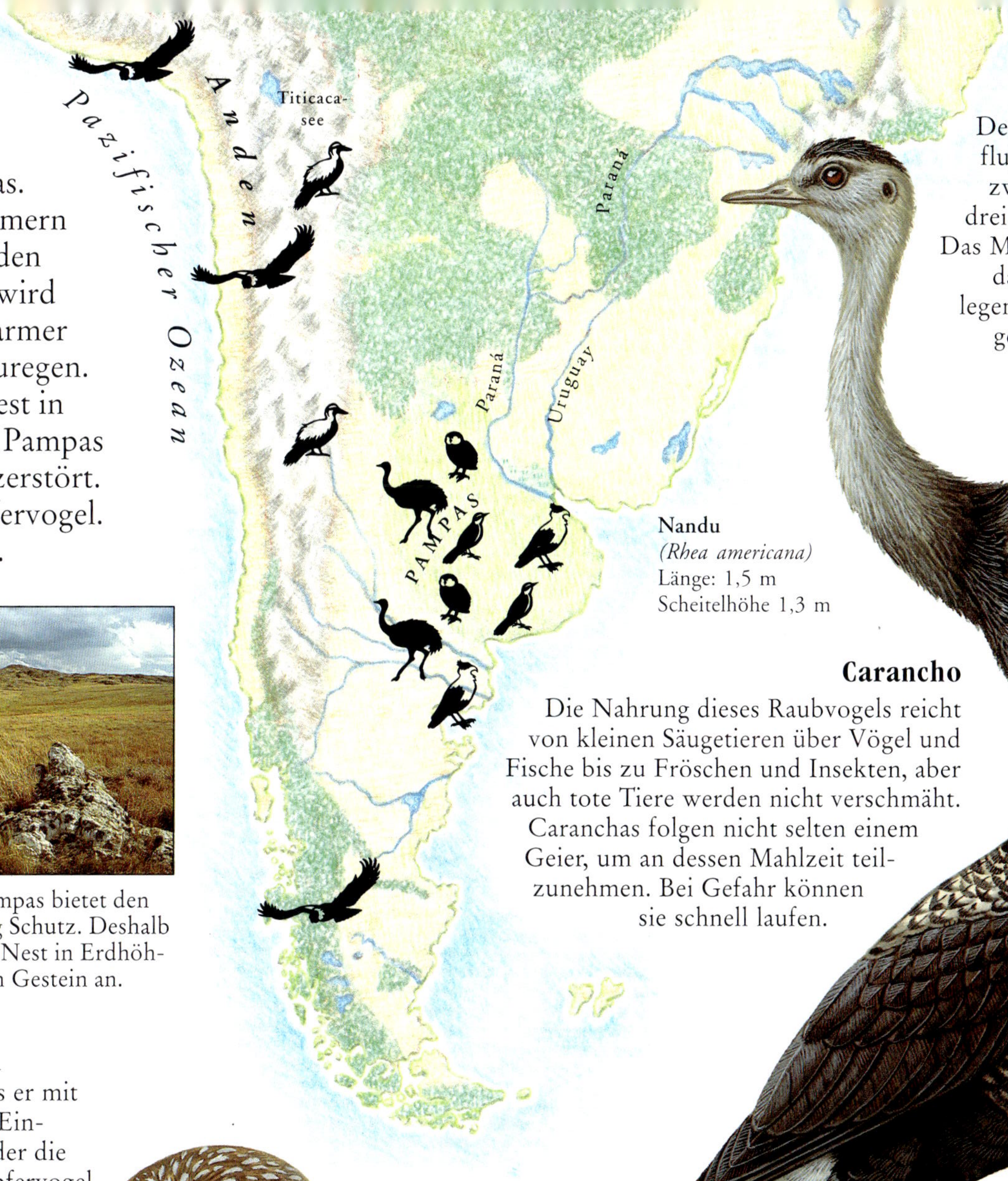

Die baumlose Pampas bietet den Vögeln nur wenig Schutz. Deshalb legen manche ihr Nest in Erdhöhlen oder zwischen Gestein an.

Töpfervogel
(Furnarius rufus)
Länge: 19 cm

Töpfervogel

Der Töpfervogel baut aus Lehm und Schlamm ein fußballgroßes Nest, das er mit Grashalmen verfestigt. Es hat einen Eingangstunnel und eine Bruthöhle, in der die Jungen aufgezogen werden. Der Töpfervogel legt das Nest gewöhnlich an einem Baumstamm an und baut es jedes Jahr neu. Mit seinem kräftigen Schnabel gräbt der Vogel Würmer und Insektenlarven aus dem Boden.

Männchen und Weibchen bauen das Nest aus mehr als 2000 Erdbrokken. Grashalme machen es fest, und durch die heiße Sonne wird es hart.

Kanincheneule
(Speotyto cunicularia)
Länge: 25 cm

Die Eule baut ihr Nest in eine Höhle, die von anderen Tieren verlassen wurde, kann aber auch selbst eine Höhle anlegen.

Nandu

Der Nandu ist wie der afrikanische Strauß ein flugunfähiger Laufvogel. Während der Strauß zwei Zehen am Fuß hat, sind es beim Nandu drei. Im vollen Lauf erreicht er bis zu 50 km/h. Das Männchen verteidigt sein Revier und betreut das Nest, in das mehrere Weibchen ihre Eier legen. Auch die Jungen werden vom Männchen gefüttert und betreut.

Nandu
(Rhea americana)
Länge: 1,5 m
Scheitelhöhe 1,3 m

Carancho

Die Nahrung dieses Raubvogels reicht von kleinen Säugetieren über Vögel und Fische bis zu Fröschen und Insekten, aber auch tote Tiere werden nicht verschmäht. Caranchas folgen nicht selten einem Geier, um an dessen Mahlzeit teilzunehmen. Bei Gefahr können sie schnell laufen.

Nandus haben drei Zehen an jedem Fuß. Die langen Krallen sind eine wirkungsvolle Waffe gegen Angreifer.

Bei Gefahr können die Vögel schnell laufen.

Carancho
(Polyborus plancus)
Länge: 60 cm

Kanincheneule

Im Gegensatz zu den meisten Eulen ist die Kanincheneule auch tagsüber aktiv. Sie brütet in Erdhöhlen, die von anderen Tieren gebaut und später aufgegeben wurden, und hält sich oft an deren Eingang auf. Wenn sie gestört wird, stößt sie schnatternde Laute aus. Die Vögel können schnell laufen und ergreifen dabei Insekten, Würmer und auch kleinere Kriechtiere.

Die Galápagos-Inseln

Westlich von Südamerika, auf der Höhe des Äquators, liegen die Galápagos-Inseln im Pazifischen Ozean. Sie umfassen 7812 km² und werden von den Gipfeln hoher Vulkane gebildet, die sich vom Meeresboden erheben und vor Millionen von Jahren tätig waren. Auf den Inseln wächst eine einzigartige Pflanzenwelt. Zwischen der erstarrten Lava und dem Kakteengestrüpp leben viele Vogelarten, die es nur auf dieser Inselgruppe gibt. Die Inseln sind so weit vom Festland entfernt, daß seit ihrer Entstehung nur wenige Vögel hierher fliegen konnten. Sie entwickelten sich im Verlauf von Jahrmillionen ungestört weiter, da es keine Feinde und Konkurrenten für sie gab. Bei den Galápagos-Inseln trifft die kalte Meeresströmung aus der Antarktis mit dem warmen Wasser des Pazifischen Ozeans zusammen. Deshalb findet man hier Pinguine und Albatrosse aus den kalten Gebieten zusammen mit Flamingos und Fregattvögeln aus der tropischen Zone. Ein solches Zusammentreffen von Vögeln aus ganz verschiedenen Erdteilen ist einmalig.
Seit dem Jahr 1969 sind die Galápagos-Inseln ein geschützter Nationalpark.

Im flachen Gelände hat der Galápagosbussard vom Panzer einer Riesenschildkröte aus einen weiten Rundblick.

Die kleinen Flügel sind nur 25 cm lang.

Stummelkormoran
(Nannopterum harrisi)
Länge: 1 m

Er brütet auf Felsen nahe der Küste.

Stummelkormoran

Mit ausgebreiteten Flügeln schützt der Kormoran das Küken vor der Sonne und trocknet in der gleichen Stellung sein Gefieder. Fliegen kann er mit diesen Flügelstummeln nicht. Er hat diese Fähigkeit verloren, da er keine natürlichen Feinde hat. Er taucht nach Fischen, die er mit dem Schnabel ergreift. Von den Menschen gejagt, ist er heute selten geworden und geschützt.

Darwin-Finken

Die 13 Arten von Galápagosfinken sehen einander sehr ähnlich, weil sie von gemeinsamen Vorfahren abstammen. Sie ernähren sich unterschiedlich, und dementsprechend ist ihre Schnabelform verschieden. Charles Darwin beobachtete 1835 diese Tiere und kam dabei zu der Erkenntnis, daß sie sich allmählich äußeren Verhältnissen angepaßt haben. Das war die Grundlage seiner Entwicklungstheorie.

Charles Darwin
1809-1882

Waldsängerfink
(Certhidea olivacea)
Dieser Fink hat einen dünnen, spitzen Schnabel, mit dem er Insekten fängt.

Kleiner Baumfink
(Camarhynchus parvulus)
Der Baumfink hat einen kurzen, derben Schnabel und frißt Frösche, Knospen, Samen und Insekten.

Großer Grundfink
(Geospiza magnirostris)
Der Grundfink zerbeißt mit seinem starken Schnabel harte Samen.

Spechtfink
(Cactospiza pallida)
Er ist einer der wenigen Vögel, die ein Werkzeug benutzen. Mit einem Zweig stochert er Insekten aus der Baumrinde und frißt sie auf.

Galápagos-Pinguin

Pinguine gibt es nur in der Antarktis. Aber der Galápagos-Pinguin ist eine Ausnahme: Er lebt in der Nähe des Äquators. Er schwimmt im kalten Wasser des Humboldtstromes, der aus der Antarktis kommt. Der Pinguin ernährt sich von Fischen und brütet auf dem Land. Er wirkt unbeholfen, wenn er von Felsen zu Felsen springt und seine Flügel als Balancierstange benutzt. Im Wasser ist er in seinem eigentlichen Element.

Er »fliegt« mit seinen kräftigen Flügeln durch das Wasser.

Galápagos-Pinguin
(Spheniscus mendiculus)
Länge: 51 cm

Prachtfregattvogel

Der Prachtfregattvogel fliegt weit über das Land und ist ständig auf der Suche nach Futter. Schildkröten, Quallen und Küken anderer Vögel verschmäht er ebensowenig wie Fische, die er mit dem gebogenen Schnabel packt. Aber er jagt auch anderen Vögeln ihre Beute ab, z.B. den Blaufußtölpeln. Der Vogel fängt diese in der Luft auf und verschluckt sie im Flug. Während der Balz hat das Männchen ein prächtiges Hochzeitskleid und bläst seinen roten Kehlsack zu einem großen Ballon auf.

Prachtfregattvogel
(Fregata magnificens)
Länge: 1,1 m
Flügelspannweite: bis 2,4 m

Galápagos-Taube

Bei der Balz breitet das Männchen den Schwanz zu einem Fächer aus und läßt die Flügel herabhängen. Es plustert sich auf, um größer zu erscheinen. Das Weibchen legt die Eier in ein schmuckloses Nest aus Gras, das unter einem Felsen gebaut wird.

Galápagos-Taube
(Zenaida galapagoensis)
Länge: 20 cm

Während der Balz wird der Schnabel zum Himmel gestreckt und ein lauter Ruf ausgestoßen.

Galápagos-Albatros

Diese Vögel nisten nur auf den Vulkanklippen der Insel Española. Niemand weiß, warum das so ist. Wie auch andere Albatros-Arten hat der Galápagos-Albatros ein ganz bestimmtes Balzritual. Das Männchen umschreitet das Weibchen, bis es ihm gegenübersteht. Mit vorgestrecktem Hals schlagen die Vögel die Schnäbel gegeneinander, richten ihren Kopf auf und klappern mit den Schnäbeln. Schließlich verbeugen sich die Vögel voreinander, und der Tanz beginnt erneut.

Galápagos-Albatros
(Diomedea irrorata)
Länge: 94 cm

Die Galápagos-Inseln entstanden durch untermeerische Vulkanausbrüche. Ein Teil der Inseln wird von der schwarzen, scharfkantigen, erstarrten Lava geprägt.

Mit dem langen Schnabel wird der Fisch unter Wasser ergriffen.

Blaufußtölpel
(Sula nebouxii)
Länge: 86 cm

Um die Aufmerksamkeit des Weibchens zu erregen, vollführt der Blaufußtölpel merkwürdige Tanzschritte.

Blaufußtölpel

Diese Vögel nisten in kleinen Kolonien an der Küste. Sie ernähren sich von Fischen. Im Sturzflug schießen sie ins Wasser, wobei erst kurz vor dem Eintauchen die Flügel angelegt werden. Da sie ein reiches Nahrungsangebot haben, können sie mehrmals im Jahr brüten und zwei bis drei Junge großziehen. Andere Tölpel-Arten haben dagegen nur ein Küken pro Jahr. Während der Balz breiten die Männchen ihr Gefieder aus und zeigen ihre blauen Füße.

Europa

Europa ist der zweitkleinste Kontinent und hat aber die zweitgrößte Bevölkerungszahl aller Erdteile. Im Westen wird Europa vom Atlantischen Ozean, im Norden vom Nordpolarmeer und im Süden vom Mittelmeer begrenzt. Die einzige Landgrenze Europas – die zu Asien – bildet das Uralgebirge. Europa ist seit einer Million Jahren mindestens viermal von hohen Eismassen bedeckt gewesen. Obwohl die letzte Eiszeit vor 10 000 Jahren zu Ende ging, ist es auch heute im hohen Norden noch sehr kalt. Viele Vögel, die im Sommer dort brüten, ziehen im Winter nach Süden in wärmere Gebiete.

In Europa gibt es weniger Vogelarten als anderswo. Das liegt einmal am kühlen Klima der nördlichen Gebiete, zum anderen an der hohen Bevölkerungszahl. Um die vielen Menschen ernähren zu können, wurden große Waldgebiete gerodet, in denen Vögel lebten. Haushalte, Landwirtschaft und Industrie belasten die Umwelt. Nur an den Küsten gibt es noch ein reiches Vogelleben. Hier halten sich auch viele Wintergäste auf, und im Sommer brüten die Tölpel, Trottellummen, Papageientaucher und viele andere in großen Kolonien.

Europa unter Eis

Die Karte zeigt die Ausdehnung der Eisdecke vor etwa 11 000 Jahren gegen Ende der letzten Eiszeit.

Im Verlauf der Erdgeschichte hat es immer wieder Zeiten gegeben, in denen Teile der Erdkugel von einer dicken Eisschicht bedeckt waren. Oft dauerten diese Eiszeiten Tausende von Jahren. Wir wissen von zehn großen Eiszeiten in den letzten 900 000 Jahren. Zum Höhepunkt der letzten Eiszeit vor 18 000 Jahren reichte der Eisschild vom Nordpol bis nach Mitteleuropa, und es war so kalt, daß die Vögel in wärmere Gebiete ausweichen mußten. Erst vor 10 000 Jahren war das Eis soweit abgeschmolzen, daß wieder Pflanzen wachsen konnten. Mit ihnen kamen auch die Vögel zurück.

Fakten über europäische Vögel

Wintergoldhähnchen
(Regulus regulus)

Der kleinste Vogel
Das Wintergoldhähnchen ist mit 9 cm Länge der kleinste Vogel Europas.

Der schnellste Vogel
Der Wanderfalke ist der schnellste Vogel der Welt. Bei einem langen Sturzflug kann er bis zu 250 km/h erreichen.

Der kräftigste Schnabel
Der Kernbeißer hat den kräftigsten Schnabel und die stärksten Wangenmuskeln aller Vögel. Er kann mühelos einen Kirschkern knacken.

Verschiedene Eier
Die Eier der Trottellumme zeigen in Farbe und Muster die größten Unterschiede. So können die Eltern ihre Gelege zwischen den vielen anderen in der Brutkolonie erkennen.

Das größte Gelege
Das größte Gelege hat das Rebhuhn. In einem einzigen Nest können gleichzeitig 15-19 Eier liegen. Rebhühner haben viele Feinde, und nur wenige Küken überleben deshalb.

Der größte Nachahmer
Der Sumpfrohrsänger ist Weltmeister im Nachahmen. Er kann den Gesang von bis zu 76 verschiedenen Vogelarten täuschend ähnlich imitieren.

Die größte Ausdauer
Der Mauersegler verbringt die meiste Zeit seiner drei Lebensjahre in der Luft und kann bis zu 2000 m hoch fliegen. Er frißt, trinkt und schläft während des Fluges.

Mauersegler
(Apus apus)

Klima und Landschaft

Das Klima ist in Europa sehr verschieden. Es reicht von den kühlen, regenreichen Ländern wie England und Skandinavien bis zu den trockenen und heißen Mittelmeerländern wie Italien und Griechenland. Mitteleuropa hat ein gemäßigtes Klima mit milden Wintern und warmen Sommern. Der Golfstrom, der von der Karibik quer über den Atlantischen Ozean bis an die Küsten Skandinaviens fließt, macht die Winter auch hier erträglich. Die großen Gebirgsketten, die Pyrenäen und die Alpen, bilden einen hohen Querriegel, der den Vogelflug stark einschränkt.

Im europäischen Mittelmeergebiet werden Ölbäume angepflanzt. Für die Vögel bedeutet das eine Verminderung ihres Lebensraumes.

Fakten über Europa

Die längste Küste
Im Verhältnis zu seiner Fläche hat Europa die längste Küste. In Norwegen reicht das Meer mit schmalen Buchten und Fjorden bis weit in das Land hinein (oben). Diese Einschnitte entstanden während der Eiszeit.

Die Anzahl der Vogelarten
Mehr als 600 Vogelarten wurden in Europa festgestellt. Von ihnen sind 430 Arten regelmäßig anzutreffen.

Der längste Gletscher
Mit 24 km Länge ist der Aletschgletscher in den Alpen der längste Gletscher.

Bevölkerungsdichte
Europa nimmt nur 7 % der gesamten Landfläche der Erde ein, aber etwa 12 % der Weltbevölkerung lebt hier. Das sind 690 Millionen Menschen, und ihre Zahl nimmt ständig zu.

Der höchste Berg
Mit 4807 m ist der Mont Blanc der höchste Berg Europas (oben). Er befindet sich in den Alpen, die sich über eine Länge von 1100 km erstrecken.

Vulkane
Der einzige heute tätige Vulkan auf dem Festland ist der Vesuv in Italien. Vor 10 000 Jahren brach er zum ersten Mal aus, im Jahr 79 n. Chr. zerstörte er die Städte Pompeji und Stabiae.

Die längsten Flüsse
Mit 3531 km Länge ist die Wolga der längste Fluß Europas. Ihr folgt die Donau mit 2858 km und der Dnjepr mit 2201 km.

Das größte Meer
Das Mittelmeer nimmt die größte Fläche der europäischen Binnenmeere ein.

Typische Vögel

Hier werden einige Vogelarten gezeigt, die für die wichtigsten europäischen Landschaften typisch sind. Diese reichen von den immergrünen Nadelwäldern im Norden über die sommergrünen Laubwälder Mitteleuropas bis zu den trockenen, mit Dorngebüschen bedeckten Flächen im Mittelmeerraum. Küsten, Seen und Flüsse sind wichtige Lebensräume der Vögel, über sie wird auf den folgenden Seiten berichtet.

Hochmoore
Der Merlin (links) brütet im Sommer in Hochmooren und Zwergstrauchheiden der Tundra. Im Winter zieht er nach Süden und kommt auch bei uns vor.

Gebirge
Alpenkrähe (unten), Steinadler und Geier leben in den höheren Gebirgen, weit entfernt von den Siedlungen der Menschen.

Küsten
Viele Küstenbewohner bauen hier im Frühjahr ihre Nester und ziehen die Jungen auf. Zu ihnen gehören Papageientaucher (links), Trottellummen, Möwen, Tölpel, Seeschwalben und viele andere, die in großen Kolonien nisten.

Dorngebüsche
In den Dorngebüschen der Mittelmeerländer gibt es im Sommer viele Insekten und dementsprechend viele Vögel, die sich von ihnen ernähren. Wiedehopf (links), Blauracke, Würger und Wespenbussard brüten hier.

Städte und Dörfer
Tauben (links), Stare, Sperlinge und Turmfalken haben sich an den Menschen gewöhnt. Sie bauen ihre Nester in und an Häusern. Das geschieht auf die gleiche Art wie früher an den Felswänden.

Flußmündungen und Küsten
Im Winter bilden Rotschenkel (rechts), Pfuhlschnepfen, Alpenstrandläufer und Brachvögel große Schwärme. Sie suchen im Schlamm von Flußmündungen und Watt Nahrung.

Wälder und Forste
In Europa gibt es noch große Waldgebiete. Grasmücken (links), Drosseln, Eichelhäher, Spechte, Eulen und Meisen sind in diesem Lebensraum recht häufig.

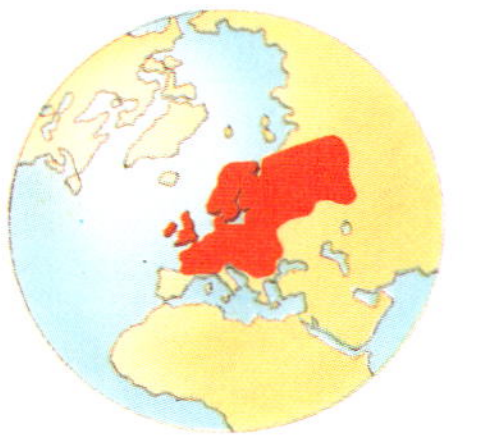

Wälder und Forste

In den immergrünen Nadelwäldern Nordeuropas und in den sommergrünen Laubwäldern Mitteleuropas leben viele verschiedene Vogelarten, die in den Baumkronen ihre Nester bauen. Die Vögel ernähren sich von den Früchten und Samen der Bäume sowie von den Insekten, die im abgefallenen Laub auf dem Waldboden leben. Auch viele verschiedene Pflanzen gibt es hier, vor allem Flechten, Moose und Pilze.

In den letzten Jahrzehnten sind große Waldflächen abgeholzt worden, oder die Bäume sterben durch die Luftverschmutzung. Seit Jahren wird der Boden durch den »sauren Regen« belastet. Deshalb wird auch die Zahl der Vögel weiterhin abnehmen.

Der Wechsel der Jahreszeiten bestimmt das Verhalten der Vögel entscheidend. Wenn im Frühjahr die Zahl der Insekten zunimmt, bauen die Vögel Nester und ziehen ihre Jungen auf. Im Herbst finden sie Beeren und andere Früchte als Nahrung und bauen Körperfett auf. Im Winter ziehen viele Arten nach Süden in die Winterquartiere. Andere bleiben hier und ernähren sich von Beeren, anderen Früchten sowie von den Nadeln und Knospen der Bäume und Sträucher.

Sperber

Der Sperber jagt Blaumeisen und andere kleine Vögel. Sie haben kaum eine Chance, den messerscharfen Krallen des Sperbers zu entgehen. Das Weibchen füttert die Nestlinge, während das Männchen für Beute sorgt.

Sperber
(Accipiter nisus)
Länge: bis 38 cm

Blaumeisen

Fichtenkreuzschnäbel bauen ihre Nester in der Spitze von Nadelbäumen. Geschickt ziehen sie die Samen aus den Fichtenzapfen. Auf den Waldboden kommen sie nur selten.

Eichelhäher

Im Frühjahr kann man das laute Geschrei der Eichelhäher weithin durch die Laubwälder hören. Zur Balzzeit jagen die Männchen einander und veranstalten diesen Krach. Die Vögel ernähren sich von Eicheln, die sie oft über weite Strecken verschleppen und als Wintervorrat in den Boden eingraben. Vergessene Eicheln keimen und wachsen zu Bäumen heran. Auf diese Weise sorgt der Eichelhäher für eine Ausbreitung des Waldes. Er frißt aber auch Nüsse, Beeren, Würmer, Spinnen und Nestlinge anderer Vögel.

Eichelhäher
(Garrulus glandarius)
Länge: 33 cm

Der Schwanz ist länger als der ganze Körper.

Schwanzmeise

Die Schwanzmeise fliegt in kleinen Schwärmen umher und sucht Insekten, Spinnen und Samen. Im Frühling baut sie ein Nest, das einem Beutel ähnelt. Es besteht aus Moosen, Flechten und Federn und wird durch Spinnweben zusammengehalten. Es ist so klein, daß die Eltern den Schwanz über den Kopf biegen müssen, um Platz zu haben.

Schwanzmeise
(Aegithalos caudatus)
Länge: 14 cm

Die kreisförmig um die Augen angeordneten Federn geben dem Vogel ein »Gesicht«.

Bartkauz

Der Bartkauz ist fast so groß wie der Uhu und hat ein unglaublich scharfes Gehör, mit dem er Mäuse und Eichhörnchen aufspürt. Aber auch Vögel sind seine Beute. Der Bartkauz verteidigt Nest und Jungvögel gegen jeden Angreifer, auch gegen Menschen. Dabei schlägt er mit Schnabel und Krallen tiefe Wunden. Die Jungvögel verlassen nach drei bis vier Wochen das Nest und müssen dann das Fliegen lernen.

Bartkauz
(Strix nebulosa)
Länge: bis 84 cm
Flügelspannweite: über 1,5 m

Während der Balz breitet der Hahn die Schwanzfedern fächerförmig aus, reckt den Kopf nach oben und bläst die Halshaut auf.

Auerhuhn
(Tetrao urogallus)
Länge:
Männchen 87 cm;
Weibchen 60 cm

Kammförmige Lappen am Rande der Zehen verhindern, daß der Vogel im Schnee versinkt.

Hohe Kiefernbäume sind für die immergrünen Nadelwälder Skandinaviens typisch.

Auerhuhn

Diese Vögel leben vorwiegend in Nadelwäldern und ernähren sich im Winter von Knospen, Nadeln und Samen. Im Sommer verzehren sie auch Früchte und Blätter anderer Bäume. Während der Balz werben die Männchen mit einem Tanz um die Weibchen, wobei sie die merkwürdigsten Töne von sich geben. Leider geht ihr Bestand immer mehr zurück.

Diese Federn sind auffallend rot und gelb gesäumt.

Europäischer Seidenschwanz
(Bombycilla garrulus)
Länge: 18 cm

Das Männchen hat hier schwarze und rote Federn, beim Weibchen sind sie alle schwarz.

Grünspecht

Der Grünspecht ist zu Anfang des Frühjahrs an seinem lauten Balzruf zu erkennen. Seine Nahrung besteht vor allem aus Ameisen, die er mit der langen Zunge fängt. Im Herbst und Winter sucht er Nester der Roten Waldameise und gräbt mit dem Schnabel einen bis zu 75 cm langen Tunnel hinein. Außer Ameisen verzehrt er Hummeln, Fliegen und Käfer, aber auch Beeren und andere Früchte. Das Nest wird in einer Baumhöhle angelegt.

Grünspecht
(Picus viridis)
Länge: 33 cm

Der Grünspecht hält sich oft auf dem Boden auf, um Ameisen zu erbeuten.

Die Früchte des Rotdorns werden besonders gern gefressen.

Europäischer Seidenschwanz

Im Winter treten in unregelmäßigen Abständen große Schwärme von Seidenschwänzen in Mitteleuropa auf. Futtermangel vertreibt sie aus ihren Wohngebieten im Norden. Dort bewohnen sie dichte, hohe Nadelwälder, in denen sie auch brüten. Bei der Balz reicht das Männchen dem Weibchen eine Beere oder eine andere Frucht und erhält sie sogleich zurück.

Die Mittelmeerländer

In den Mittelmeerländern ist das Klima wärmer und trockener als in anderen Gebieten Europas. Die Bewohner haben seit Jahrtausenden die ursprünglichen Wälder abgeholzt, so daß die Landschaft heute von immergrünen Hartlaubgehölzen, Dorngebüschen und stark duftenden Stauden geprägt ist. Während des langen, heißen Sommers gibt es viele Insekten, die den Grasmücken, Bienenfressern, Blauracken und anderen Vögeln reichlich Nahrung bieten. Viele Vögel wie die Störche, Bussarde und Adler überqueren Südeuropa auf dem Wege zu ihren Brutgebieten im Norden oder zu ihren Winterquartieren in Afrika. Heute bemüht man sich, die Pflanzen- und Tierwelt in Schutzgebieten zu erhalten. Das Sumpfgebiet der Coto de Doñana in Spanien und die Camargue in Frankreich sind Beispiele dafür.

Das Sumpfgebiet der Coto de Doñana zieht viele Wasservögel an. In diesem Schutzgebiet befindet sich die größte Reiherkolonie Europas.

Die Blauracken sitzen am liebsten auf Telegrafendrähten.

Blauracke
(Coracias garrulus)
Länge: 30 cm

Blauracke

Nach ihren lauten Rufen, die wie »rak-rak-rak« klingen, haben die Racken ihren Namen. Die Männchen zeigen in der Nähe ihres Nestes auffallende Flugspiele, bei denen sie durch die Luft taumeln. Die Vögel brüten nur einmal im Jahr und ziehen im Herbst nach Südafrika, wo sie bis zum März bleiben.

Pirol
(Oriolus oriolus)
Länge: 25 cm

Das Männchen hat ein gelbes Gefieder und schwarze Flügel.

Das Weibchen übernimmt Nestbau und Aufzucht der Jungen.

Pirol

Er baut sein Nest in einer Astgabel. Es besteht aus Grashalmen und Grasblättern, die kunstvoll verwoben werden. Die Vögel sind recht selten und halten sich vorwiegend in den Baumkronen auf, wo sie Insekten und Früchte verzehren. Das grünlich gefärbte Weibchen ist auf dem Nest kaum zu erkennen, es trägt mit seinem kräftigen Schnabel Futter zu den Nestlingen.

Wiedehopf

Der Wiedehopf sucht seine Nahrung auf dem Boden und ergreift mit dem langen, gebogenen Schnabel Würmer und Insekten. Bei Gefahr breitet er Flügel und Schwanz flach auf dem Boden aus und droht mit aufgerichtetem Schnabel und gesträubtem Kamm. Das Weibchen kann eine stinkende Flüssigkeit aus der Bürzeldrüse absondern, die Jungen bespritzen einen Angreifer mit ihrem Kot.

Wiedehopf
(Upupa epops)
Länge: 28 cm

Der Wiedehopf bewegt seine abgerundeten Flügel wie ein Schmetterling.

Die Camargue

Wo die Rhône ins Mittelmeer fließt, dehnen sich weite Salzwiesen aus. Hier liegt das Naturschutzgebiet Camargue. Obwohl dort nach wie vor Menschen leben und Flugzeuge über das Gebiet fliegen, lassen sich die Vögel nicht stören. Viele brüten hier, für andere ist die Camargue ein wichtiger Rastplatz, den sie auf ihren Wanderungen brauchen. Zehntausende von Schwänen, Enten und Gänsen kommen aus ihren Brutgebieten in Nordeuropa und Sibirien hierher. Alle Vögel suchen und finden ihre spezielle Nahrung. Die Stelzenläufer suchen im flachen Wasser danach, Purpurreiher bevorzugen dagegen tieferes Wasser.
Die Reiher fangen Fische, während sich Löffler, Flamingos und Säbelschnäbler von kleinen Wassertieren ernähren.

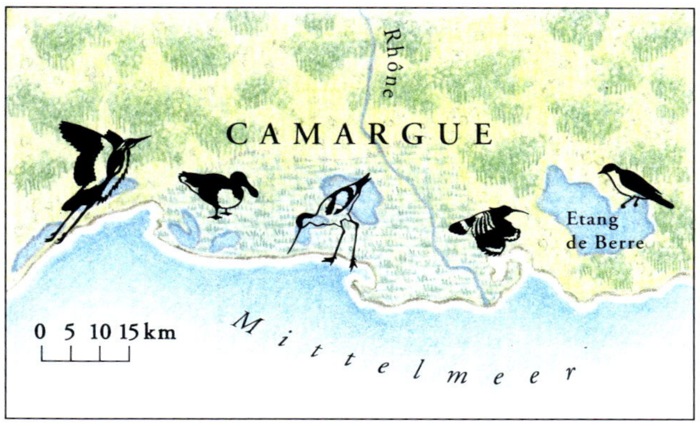

Rohrweihe
(Circus aeruginosus)
Länge: bis 56 cm

Der Vogel gleitet langsam mit Flügeln, die wie ein weites V ausgebreitet sind.

Rohrweihe

Die Rohrweihe lebt in den ausgedehnten Schilfbeständen. Sie gleitet in langsamem Flug dahin und sucht nach Nahrung, die aus Fischen, Fröschen, kleinen Säugetieren und Vögeln sowie Insekten besteht. Das Nest und die Nestlinge sind im hohen Schilf verborgen. Wenn sich das Männchen mit Futter nähert, fliegt das Weibchen vom Nest auf und nimmt es ihm in der Luft ab.

Das Weibchen ist größer als das Männchen, es ist der größte Vogel unter den Weihen.

Purpurreiher

Dieser große, schlanke Vogel hat an seinen Füßen lange Zehen. So verteilt er sein Gewicht und läuft über schlammigen Boden ohne einzusinken. Mit den langen Beinen schreitet er durch tiefes Wasser und erbeutet Fische, die er mit den scharfen Schnabelrändern festhält. Purpurreiher nisten in Kolonien zu etwa 20 Paaren. Das Nest ist im Schilfgürtel verborgen. Die Jungen verlassen etwa sechs Wochen nach dem Schlüpfen das Nest. Bei Gefahr steht der Purpurreiher mit aufgerichtetem Schnabel ganz still und ist dann im Schilfrohr kaum zu sehen.

Mit dem scharfen, spitzen Schnabel werden Fische und Frösche ergriffen.

Purpurreiher
(Ardea purpurea)
Länge: bis 90 cm

Der Purpurreiher ist sehr scheu und nur beim Auffliegen zu sehen, wenn er laute Rufe ausstößt.

Die Flamingos filtern kleine Pflanzen und Tiere mit dem Schnabel aus dem Wasser. Drei Viertel der Jungvögel im Mittelmeergebiet schlüpfen in der Camargue.

Säbelschnäbler

Mit dem langen, nach oben gebogenen Schnabel sucht der Säbelschnäbler im Wasser und im schlammigen Boden nach Würmern und kleinen Wassertieren. Er baut sein Nest gern auf kleinen Inseln im Wasser, wo er vor Angreifern sicher ist. Die Vögel brüten in Kolonien.

Löffelente
(Anas clypeata)
Länge: 52 cm

Das Männchen ist bunter gefärbt als das Weibchen.

Männchen

Mit dem löffelförmigen Schnabel wird Nahrung aus dem Wasser gefiltert.

Löffelente

Diese Ente hat ihren Namen nach dem löffelförmigen Schnabel. Bei den Küken ist er noch ganz schmal, er verbreitert sich aber mit zunehmendem Alter. Bei der Nahrungsaufnahme füllt die Ente ihren Schnabel mit Wasser und drückt es seitlich nach außen. Kleine Pflanzen und Tiere bleiben an den kammförmigen Schnabelrändern hängen und werden verschluckt.

Säbelschnäbler
(Recurvirostra avosetta)
Länge: 43 cm

Im tiefen Wasser sind lange Beine und ein langer Schnabel von Vorteil.

Die Küste

Die stark zerklüfteten Küsten Europas werden von vielen Seevögeln bewohnt. Millionen von Tieren kommen hier im Sommer zusammen, um ihre Jungen aufzuziehen. Sie besiedeln steile Felswände wie auch große Sandflächen und Salzwiesen. Die schmalen Felsbänder, auf denen sie ihre Nester bauen, sind zwar gefährlich für die Jungvögel, aber sie geben auch Sicherheit, weil sie nur schwer von einem Feind zu erreichen sind. Viele Vögel leben in großen Kolonien, wobei oft mehrere Arten friedlich zusammenleben, z. B. Trottellummen, Dreizehenmöwen, Baßtölpel und Möwensturmvögel. Da diese Vögel an den Klippen in verschiedener Höhe brüten, wird der zur Verfügung stehende Platz gut ausgenutzt. Im Gegensatz zu den Vögeln des Festlandes haben die Seevögel kein abgegrenztes Revier, in dem sie Nahrung suchen und Konkurrenten vertreiben. Sie fliegen zur Futtersuche weit über das Meer und kehren dann in die dicht besiedelte Kolonie zurück.

Mit den großen Flügeln gleitet sie weit über das Meer.

Zwischen den Zehen sind Schwimmhäute.

Mantelmöwe
(Larus marinus)
Länge: bis 70 cm

Mantelmöwe

Diese große Möwe ist ein Allesfresser und Nimmersatt. Sie ernährt sich von Muscheln, Krebsen, Würmern, Fischen und Kaninchen. Sie fällt in Brutkolonien anderer Vögel ein und verschluckt Nestlinge mit einem Bissen. Sie besucht Müllkippen und Schuttplätze, begleitet Schiffe und fliegt die Strände ab.

Im flachen Wasser der Meeresküste finden die Vögel ausreichend Nahrung. Sie brüten hier in großen Kolonien.

Die langen, schmalen Flügel werden schnell auf und ab geschlagen.

Zwergseeschwalben sind schnelle und elegante Flieger.

Zwergseeschwalbe
(Sterna albifrons)
Länge: 23 cm

Mit dem langen, spitzen Schnabel werden Fische ergriffen.

Zwergseeschwalbe

Im Sommer brüten an der Sandküste viele Zwergseeschwalben und bilden große Kolonien. Gemeinsam stoßen sie im Sturzflug auf einen Feind, der sich den Nestern nähert. Die Jungvögel müssen nicht nur das Fliegen, sondern auch das Tauchen von ihren Eltern lernen. Und dabei stellen sie sich zu Anfang nicht sehr geschickt an. Die Zahl dieser Vögel hat leider stark abgenommen.

Trottellumme

Trottellummen verbringen einen Großteil der Zeit über dem Meer. Um einen Fisch zu erbeuten, schwimmen sie blitzschnell dicht unter der Wasseroberfläche, indem sie mit den Flügeln schlagen und die Beine als Steuerruder benutzen. Zum Brüten kommen sie an Land und bilden an Felswänden große Kolonien. Sie bauen kein Nest, sondern legen das einzige Ei auf den nackten Felsboden. Immer muß ein Elternteil hier bleiben, um das Ei und später den Jungvogel zu wärmen, während der andere Futter holt.

Sturmschwalbe

Die Sturmschwalbe ist der kleinste Seevogel Europas. Sie fliegt dicht über das Wasser und nimmt dabei kleine Fische, Tintenfische, Krebse, Schnecken und andere Tiere von der Oberfläche auf. Oft folgt sie Schiffen und frißt über Bord geworfene Lebensmittel. Bei Sturm verbirgt sie sich im Windschatten der Schiffe.

Der stromlinienförmige Körper schießt schnell durch das Wasser.

Fische werden mit spitzem Schnabel ergriffen.

Trottellumme
(Uria aalge)
Länge: 41 cm

Beim Fliegen werden die Füße ins Wasser getaucht. Scheinbar läuft der Vogel über das Wasser.

Der kurze Schnabel ist an der Spitze gebogen.

Sturmschwalbe
(Hydrobates pelagicus)
Länge: 15 cm

Schwarzschnabel-Sturmtaucher

Gespenstisch klingen die klagenden Schreie der Sturmvögel durch die Nacht, wenn diese zu ihren Nestern zurückkehren. Sie sammeln sich in der Dämmerung vor der Küste und fliegen bei Einbruch der Dunkelheit auf das Land zu. So sind sie vor ihren Feinden sicher.

Sicherheit durch Vielzahl

Mehr als 95 % aller Seevögel brüten in Kolonien. Auch die Papageientaucher gehören dazu. Solche Kolonien werden weniger von Raubtieren angegriffen. So haben die Nestlinge und Jungvögel eine größere Überlebenschance. Ständig sind einige Vögel auf der Lauer und warnen alle anderen vor drohender Gefahr. Viele fliegen auf, um einen Angreifer zu vertreiben. Die auf dem Nest bleibenden Vögel vollführen dabei einen ohrenbetäubenden Lärm.

Baßtölpel brüten in Kolonien von mehr als 200 000 Paaren.

Baßtölpel

Baßtölpel stürzen sich oft aus großer Höhe ins Meer, um einen Fisch zu erbeuten. Der schlanke Körper taucht tief unter, und der Vogel verschließt die Nasenlöcher. Mit dem Schnabel wird der Fisch oder ein Tintenfisch ergriffen und an die Wasseroberfläche gebracht. Die Vögel brüten in ihren Kolonien dicht an dicht, und nach etwa 14 Wochen verlassen die Jungvögel den Platz. Im Alter von fünf bis sechs Jahren hat ihr Federkleid die endgültige Farbe.

Papageientaucher

Die Vögel erhielten ihren Namen nach dem bunt gestreiften Schnabel im Hochzeitskleid. Ihre Nahrung erbeuten sie unter Wasser, wobei sie durch die Schwimmhäute und die Flügel angetrieben werden. Mit dem Schnabel graben sie eine Nisthöhle im Grasland. Sobald die Jungvögel Federn haben, verlassen sie im Schutz der Nacht das Nest.

Afrika

Dieser zweitgrößte Kontinent der Erde ist etwa dreimal so groß wie Europa, wird aber nicht einmal von der gleichen Bevölkerungszahl besiedelt. Vor vielen Millionen Jahren löste sich Afrika von den anderen Kontinenten. Ein Austausch der Vogelarten war nicht mehr möglich, und so gibt es in Afrika viele Vögel, die sonst nirgends auf der Welt zu finden sind. Zu ihnen gehören Strauß, Schuhschnabel, Sekretär, Turako sowie Mausvögel und Baumhopfe.

Afrika hat überall ein heißes, in großen Gebieten ein trockenes Klima. In den Gebieten am Äquator läßt das ständig feucht-heiße Klima der inneren Tropen die dichte Urwaldvegetation des tropischen Regenwaldes wachsen. Je weiter man sich vom Äquator entfernt, desto trockener wird das Klima. Der Wald geht allmählich in baumbestandenes Grasland über, die Savanne. Die Sahara bildet nördlich der Savannen einen breiten Wüstengürtel. Ihn müssen die Vögel überqueren, die von ihren Brutgebieten in Europa in die warmen Winterquartiere ziehen. Die Sahara breitet sich immer weiter aus. Die Vogelwelt ist auch durch den Menschen bedroht, der Sümpfe trocken legt und riesige Städte baut, und immer mehr Bäume fällt, um Flächen für die Landwirtschaft zu schaffen.

Klima und Landschaft

Fast überall in Afrika ist es sehr heiß, in großen Gebieten auch sehr trocken. Die Sahara im Norden sowie die Wüsten Kalahari und Namib im Süden sind die trockensten Zonen. Am feuchtesten ist es beiderseits des Äquators. Im Gegensatz zu anderen Kontinenten hat Afrika nur wenige weit aufragende Gebirgsketten. Häufiger werden die Hochebenen von einzelnen hohen Bergen überragt, z.B. vom Kilimanjaro in Tansania (Ostafrika).

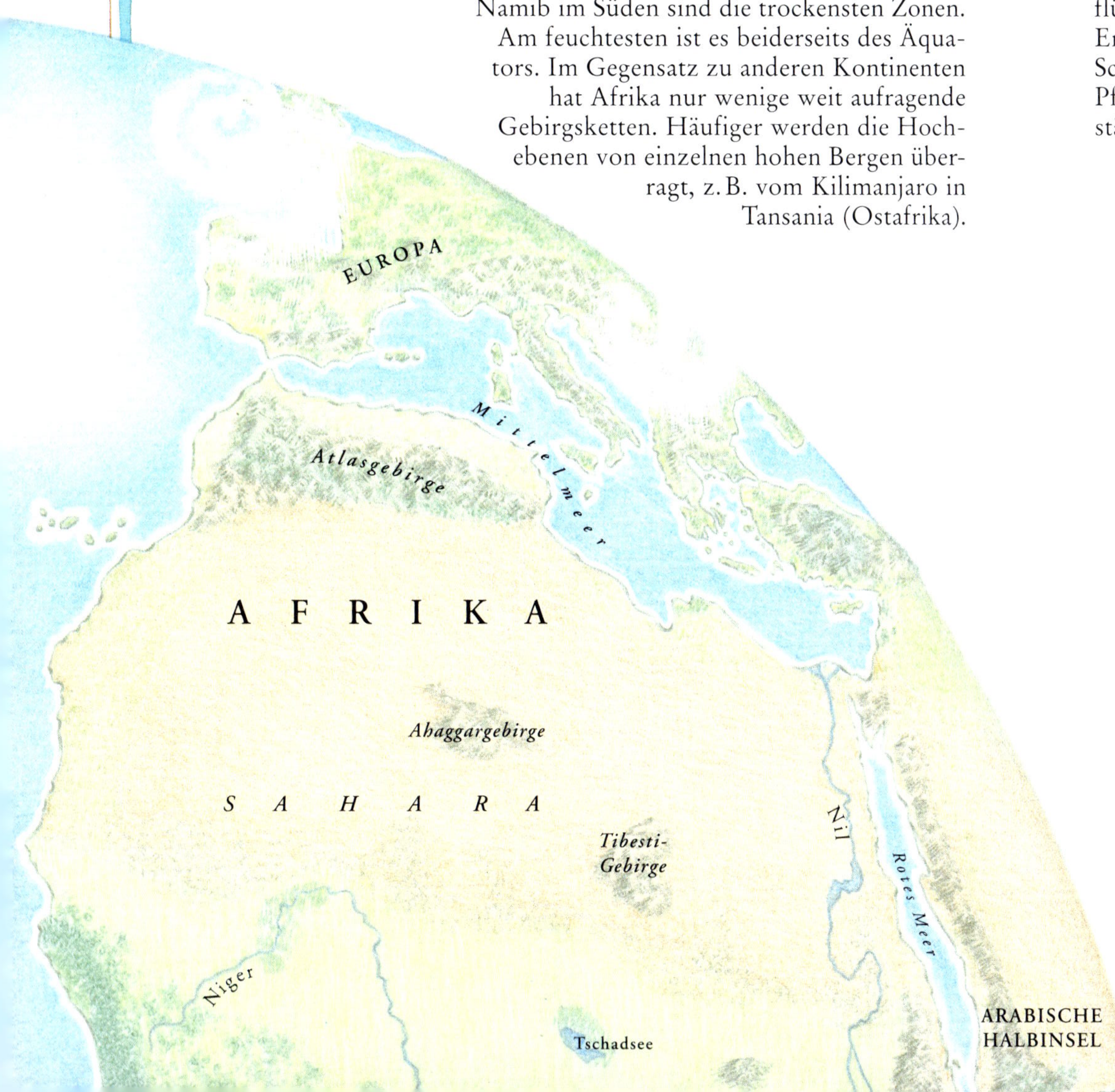

In Bewegung

Afrika hatte nicht zu allen Zeiten die gleiche Form und Lage wie heute. Die Erdscholle auf der dieser Kontinent liegt, hat sich seit Millionen von Jahren auf dem flüssigen Erdinneren bewegt. Nach der Ausbildung der Erdkruste waren alle Kontinente vereint, aber die Scholle zerbrach bereits vor langer Zeit. Die Tier- und Pflanzenwelt der einzelnen Teile hat sich dann selbständig weiterentwickelt.

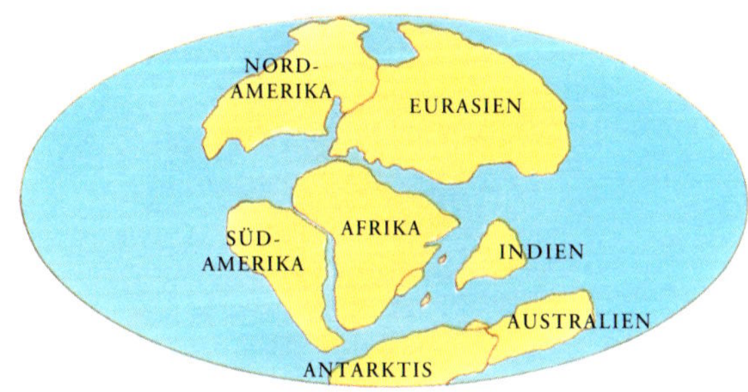

Vor etwa 130 Millionen Jahren war der Urkontinent bereits zerbrochen, und die Landmassen drifteten auseinander. Zu der Zeit war Madagaskar noch mit Afrika verbunden. Später brach dieser Teil der Landmasse ab und wurde zur Insel, auf der sich eigene Vogelarten entwickelten.

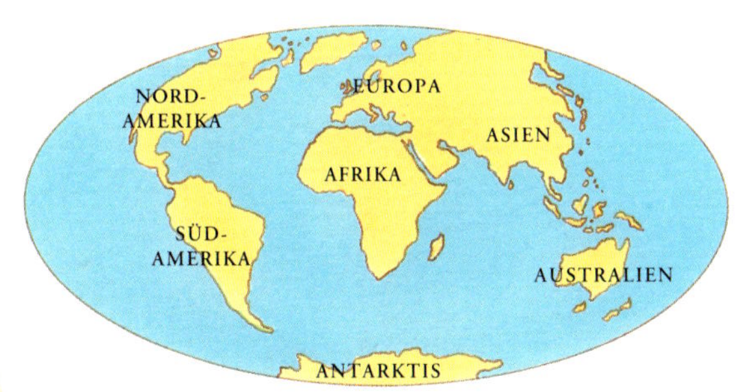

Im Verlauf der letzten 100 Millionen Jahre hat sich Afrika immer mehr Europa genähert.

Fakten über afrikanische Vögel

Die häufigste Vogelart
Kein Vogel ist häufiger als der Blutschnabelwebervogel: Schwärme auf der Futtersuche umfassen bis zu Hunderttausende von Vögeln, und an einem einzigen Nistplatz können 10 Millionen Vögel leben.

Blutschnabelwebervogel
(Quelea quelea)

Die längsten Zehen
Das Afrikanische Blatthühnchen hat bis zu 8 cm lange Zehen, mit denen es über die Seerosenblätter läuft.

Der höchste Flieger
Ein Sperbergeier prallte bei einer Flughöhe von 11 274 m über der ostafrikanischen Küste mit einem Flugzeug zusammen. Das ist der bisher höchste Flug eines Vogels.

Strauß
(Struthio camelus)

Der breiteste Schnabel
Der Schuhschnabel hat den breitesten Schnabel, er wird bis zu 12 cm breit.

Der größte Vogel
Strauß-Männchen können eine Scheitelhöhe von 2,7 m erreichen. Ihr Gewicht beträgt dann bis zu 156 kg. Der Strauß legt auch das größte Ei. Ein Mensch kann sich darauf stellen, ohne daß die Schale zerbricht.

Sturmwolken zeigen den Beginn der Regenzeit über der ostafrikanischen Savanne an. Manche Vögel folgen dem Regen von Ort zu Ort.

Fakten über Afrika

Der längste Riß
Der Ostafrikanische Graben ist etwa 6400 km lang und stellenweise 35-60 km breit. Er entstand vor etwa 25 Millionen Jahren, als große Gebiete der Erdkruste einbrachen. In Kenia steigen die Steilwände des Grabens bis zu 1250 m empor.

Die Anzahl der Vogelarten
In Afrika leben etwa 1700 verschiedene Vogelarten. Besonders reich an Vögeln ist Kenia, wo allein 1000 Arten vorkommen.

Der tiefste See
Der Tanganyikasee ist an der tiefsten Stelle 1435 m tief und damit der zweittiefste See der Welt. Der größte afrikanische See ist der Victoriasee, der nur bis zu 81 m tief ist.

Der längste Fluß
Mit 6670 km ist der Nil einer der längsten Flüsse der Welt.

Der berühmteste Wasserfall
In den Victoria-Fällen des Sambesi stürzt das Wasser in einer Breite von 1700 m etwa 108 m tief herab.

Die größte Wüste
Die Sahara in Nordafrika ist die größte Wüste der Welt. Sie bedeckt etwa 9 Millionen km² und reicht vom Atlantik bis zum Roten Meer. Große Flächen werden von Sand eingenommen, und hier können die Dünen bis 5 km lang und 430 m hoch werden.

Typische Vögel

Im folgenden werden von einigen afrikanischen Landschaften typische Vögel gezeigt. Diese Landschaften reichen von den trockenen, heißen Wüsten über die Savannen bis zum feuchten tropischen Regenwald, sie umfassen auch Flüsse, Seen und Sümpfe. Darüber wird auf den nächsten Seiten mehr berichtet.

Gebirge
Kaffernadler (links) und andere Raubvögel lassen sich von der aufsteigenden Luft bis in große Höhen tragen. Von hier aus entdecken sie ihre Beute in der offenen Landschaft.

Inseln
Der Kurol (links) ist einer der zahlreichen, nur auf Madagaskar vorkommenden Vögel. Auch andere afrikanische Inseln haben eigene Vogelarten.

Savannen
Auf der ganzen Welt gibt es nur zwei Arten von Madenhackern. Sie leben in der Savanne, fliegen Zebras, Rinder, Nashörner, Giraffen und andere Tiere an und suchen deren Haut nach Insekten ab.

Sümpfe
Der Goliathreiher (links) und andere Vögel, die sich von Fischen ernähren, leben in den afrikanischen Sümpfen, z. B. im Okavangodelta in Südafrika.

Flüsse und Seen
Der Graufischer (rechts) lebt an Flüssen und Seen, wo er reiche Nahrung findet. Hier kann man ihn häufig bei der Aufzucht seiner Jungen beobachten.

Tropischer Regenwald
Der Pitta (links) ist im tropischen Regenwald weit verbreitet. Aber sein Lebensraum wird immer kleiner. Das Klima wird trockener, und die Menschen fällen viele Bäume.

Wüsten
In den trockenen und heißen Wüsten können nur wenige Vögel leben. Zu ihnen gehören die Flughühner (unten). Sie legen weite Strecken zu den Wasserstellen zurück.

Wälder und Gebirge

Beiderseits des Äquators erstreckt sich in Afrika der tropische Regenwald. Das Klima ist hier das ganze Jahr heiß und feucht. Ständig gibt es ein großes Angebot an Blüten, Früchten und Insekten, von denen sich Vögel ernähren. Nashornvögel, Turakas und Pittas sind die auffälligsten. In Ostafrika reicht der Regenwald bis in die untere Region der Gebirge, aber je weiter man die Berge hinaufsteigt, desto kälter wird es. Oberhalb der Baumgrenze – wo der Nebel noch genügend Feuchtigkeit bringt – gibt es Grasländer und riesige Stauden. Hier leben Adler und Nektarvögel. Vierhundert Kilometer vor der afrikanischen Ostküste liegt Madagaskar, mit einer Länge von 1580 km und einer Breite von bis zu 580 km die drittgrößte Insel der Welt. Das Klima ist tropisch. Auch hier gibt es Gebirgswälder und tropischen Regenwald. Die Insel brach vor vielen Millionen Jahren vom Kontinent ab. Seither hat sich die Tierwelt Madagaskars selbständig entwikkelt. Dort leben Vögel, die man sonst nirgends auf der Welt findet.

Scharlachroter Nektarvogel
(Nectarinia johnstoni)
Länge: 15 cm
Schwanz des Männchens: bis 20 cm

Das Männchen hat im Hochzeitskleid rotgefärbte Seitenbüschel.

Während der Brutzeit sind die Brustfedern des Männchen grüngefärbt, sonst sind sie braun. Die langen Schwanzfedern hat es immer.

Scharlachroter Nektarvogel

Dieser Nektarvogel lebt in den ostafrikanischen Gebirgen und fliegt Blüten an, um mit seinem langen, gebogenen Schnabel Nektar zu saugen. Die langen Zehen mit den scharfen Krallen benutzt er, um sich an den schlüpfrigen Blättern festzuhalten. Wenn er von Blüte zu Blüte fliegt, überträgt er Pollenstaub und sorgt auf diese Weise für die Bestäubung.

Baumhopf

Der Baumhopf lebt in kleinen Gesellschaften und fliegt die Baumstämme ab, um Insekten und deren Larven zu suchen. Mit dem langen Schnabel werden sie erfaßt und verschluckt. Ab und zu stoßen die Vögel einen gackernden Schrei aus, um die ganze Gesellschaft zusammenzuhalten. Gemeinsam verteidigen sie auch das Gelege und die Nestlinge. Bei Gefahr zischen die Jungen wie eine Schlange und vertreiben den Angreifer.

Die Vögel bewegen ihren Kopf ruckartig aufeinander zu und gackern dabei.

Bei dieser Zeremonie ist der Schwanz steil aufgerichtet.

Baumhopf
(Phoeniculus purpureus)
Länge: 38 cm

Helmvanga
(Euryceros prevostii)
Länge: 31 cm

Mit seinem kräftigen Schnabel fängt der Helmvanga nicht nur Insekten, sondern auch Fische und Kriechtiere wie dieses Chamäleon.

Helmvanga

Vangas gibt es nur auf Madagaskar. Wahrscheinlich haben sich die heute bekannten 14 Arten im Verlauf von Jahrmillionen aus einer einzigen Form entwickelt, die einst von Afrika auf die Insel gelangte. Jede Art hat einen eigenen Lebensraum, den sie nicht verläßt, so sind Nistgelegenheiten und Futter für alle vorhanden.

Der Gelbschnabeltoko fliegt von Baum zu Baum und sucht Insekten und Früchte. Zusammen mit den Turakos lebt er in den dichten Baumkronen und kann von keinem darüberfliegenden Raubvogel entdeckt werden.

In der oberen Zone der Gebirge wachsen riesige Greiskräuter. Zwischen ihren Blättern nisten Nektarvögel.

Das Horn auf dem Schnabel ist sehr leicht. Bei den Männchen ist es größer als bei den Weibchen.

Mit den scharfen Rändern des gekrümmten Schnabels werden die Früchte zerschnitten.

Trompeter-Hornvogel
(Bycanistes buccinator)
Länge: 66 cm

Riesenturako
(Corythaeola cristata)
Länge: 76 cm

Riesenturako

In Gruppen bis zu 12 Vögeln halten sich die Riesenturakos vorwiegend in Baumkronen auf. Dabei benutzen sie ihre kräftigen Beine mehr als die kurzen Flügel, mit denen sie nur über kurze Strecken fliegen. Sie fressen Früchte des Parasolbaumes, die für Menschen giftig sind, zuweilen aber auch Blätter. Das Nest wird aus Zweigen zusammengesteckt. Die Jungvögel verlassen es nach vier Wochen.

Trompeter-Hornvogel

Der klagende Ruf des Trompeter-Hornvogels klingt wie das Weinen eines Kindes. Die Vögel nisten in einer Baumhöhle. Wenn das Weibchen auf den Eiern sitzt, wird es vom Männchen eingemauert. Nur ein schmaler Schlitz bleibt frei, durch den das Männchen Futter reicht. So sind Eier und Jungvögel vor Feinden geschützt.

Afrikanische Pitta
(Pitta angolensis)
Länge: 18 cm

Afrikanische Pitta

Die Pitta hält sich im tropischen Regenwald auf dem Boden auf und sucht Schnecken und Insekten. Zwischen den Pflanzen ist sie kaum zu erkennen. Bei Gefahr duckt sich der Vogel mit ausgebreiteten Flügeln auf den Boden und reckt seinen Schnabel steil nach oben.

Kongopfau

Dieser ungewöhnliche Vogel ist der einzige afrikanische Pfau, alle anderen stammen aus Asien. Im Gegensatz zu seinen Verwandten hat der Kongopfau nur kurze Schwanzfedern. Er lebt im tropischen Regenwald auf dem Boden und ernährt sich von Früchten und Insekten. Beide Eltern versorgen die Eier und die Jungvögel.

Nur Männchen haben diese weißen Federbüschel.

Beide Geschlechter haben ein glänzendes Gefieder.

Kongopfau
(Afropavo congensis)
Länge: 71 cm

Die Savanne

Die riesigen Grasländer, die sich zwischen der Wüste und den tropischen Regenwäldern erstrecken, nennt man Savannen. Große Gebiete der Savanne sind reines Grasland oder Grasflächen, die von einzelnstehenden Bäumen besetzt sind. In den Savannenlandschaften gibt es viele Tiere. Hier leben z. B. viele Vögel, die sich von Graskörnern ernähren, aber auch manche, die diese Körnerfresser jagen. Die Madenhacker leben mit Giraffen, Zebras, Büffeln und Nashörnern zusammen. Sie lassen sich auf dem Fell nieder und suchen es nach Insekten und blutsaugenden Parasiten ab. Geier und Marabus ernähren sich dagegen von den Resten toter Tiere, die von Raubtieren erlegt wurden. Im trockenen Teil der Savanne wachsen Dornakazien mit einer schirmförmigen Baumkrone. Hier bauen Webervögel, Racken und andere ihre Nester. Manche Vogelarten legen die Eier in Erdhöhlen. In der Savanne wechseln im Jahreslauf Trocken- und Regenzeiten ab. Die Vögel haben sich darauf eingestellt und ziehen ihre Jungen nach der Regenzeit auf, wenn die Savanne grün ist und reichlich Nahrung bietet.

Mit dem gebogenen Schnabel wird die Beute zerrissen.

Kampfadler
(Polemaetus bellicosus)
Länge: 83 cm

Mit den Krallen wird das Beutetier getötet.

Kampfadler

Der Kampfadler ist der größte Raubvogel in Afrika. Das Weibchen kann eine Flügelspannweite von bis zu 2,6 m erreichen. Der Vogel stürzt sich aus großer Höhe im schnellen Flug auf seine Beute, oder er sitzt an einem erhöhten Platz und wartet auf ein Opfer. Sein Nest baut er in einem hohen Baum.

Strauß
(Struthio camelus)
Länge: 2,5 m
Scheitelhöhe: bis 2,5 m

Der Strauß hat nur zwei Zehen an jedem Fuß.

Der Vogel erreicht mühelos eine Geschwindigkeit von 70 km/h.

Strauß

Der Strauß ist der größte Vogel der Welt. Auf der Suche nach Nahrung durchstreift er die Savanne und findet überall Laubwerk, Früchte und Insekten, von denen er sich ernährt. Das Männchen gräbt eine flache Mulde in den Boden, in die mehrere Weibchen ihre Eier legen. Eier und Jungvögel werden vom Männchen bewacht.

Sekretär

Die langen Haubenfedern erinnern an einen Federkiel, den die Bürodiener früher hinter das Ohr steckten. So kam der Vogel zu seinem Namen. Er ernährt sich von kleinen Säugetieren und Insekten sowie von Vogeleiern und Nestlingen, kann aber auch mit einer Schlange fertig werden. Während der Balz fliegen die Vögel auf und stoßen laute Rufe aus. Das Nest wird in Baumkronen gebaut.

Die Haubenfedern werden oft aufgestellt.

Sekretär
(Sagittarius serpentarius)
Länge: 1,5 m

Mit seinen langen Beinen schreitet der Sekretär durch das Gras.

Geier

Unermüdlich kreisen die Geier über der Savanne und suchen Nahrung. Sie fressen tote Tiere und spielen dadurch eine wichtige Rolle in der Natur. Kopf und Hals sind nackt, so daß sie tief in das Körperinnere vordringen können, ohne die Federn zu beschmutzen. Nach der Mahlzeit wird das Gefieder sorgfältig gesäubert.

Webervögel bauen ihre Nester oft in Baumkronen, wo sie nicht von Schlangen erreicht werden können.

Textorweber

Diese Vögel leben in großen Schwärmen zusammen. Die Männchen bauen das Nest zwischen dünnen Zweigen, und oft hängen mehr als 100 Nester in einer Baumkrone. Aus längsgespaltenen Grasblättern baut das Männchen zuerst einen Ring zwischen den Zweigen. Dann werden weitere Blätter verwoben, bis ein krugförmiges Nest entsteht. Mit zitternden Flügeln hängt das Männchen am Nest und wirbt um das Weibchen. Dieses kümmert sich später um die Eier und Nestlinge.

Der Webervogel nimmt lange Grasblätter und verwebt sie zu einem kunstvollen Nest.

Textorweber
(Textor cucullatus)
Länge: 18 cm

Manchmal stiehlt er Baumaterial von seinen Nachbarn.

Die mittleren Schwanzfedern sind bis zu 12 cm lang.

Spitzschwanz-Paradieswitwe
(Steganura paradisaea)
Länge: 13 cm

Im Hochzeitskleid hat das Männchen zwei breite und zwei schmale, sehr lange Schwanzfedern.

Das Weibchen ist dunkelbraun gefärbt.

Im Hochzeitskleid hat das Männchen bis zu 28 cm lange Schwanzfedern.

Spitzschwanz-Paradieswitwe

Die langen Schwanzfedern hat das Männchen nur während der Balzzeit. Paradieswitwen bauen kein eigenes Nest, sondern legen ihre Eier in das Nest von Prachtfinken. Diese Vögel brüten die Eier aus und füttern die Jungen, als wären es ihre eigenen. Tatsächlich sehen die Küken der Paradieswitwe denen der Prachtfinken ähnlich, sie haben im aufgesperrten Schnabel sogar die gleichen Farbmuster.

Karminspinte leben gesellig. Sie graben mit dem Schnabel eine Wohnhöhle in einen steil abfallenden Hang.

Schwarzkehl-Honiganzeiger

Wenn ein Honiganzeiger ein Nest von wilden Bienen entdeckt hat, führt er einen Menschen oder einen Honigdachs zum Bienennest, um an die aufgebrochenen Waben zu kommen. Das Weibchen legt jeweils ein Ei in das Nest anderer Vögel. Das Küken tötet seine Stiefgeschwister.

Honiganzeiger haben ein dichtes Federkleid, das sie vor den Bienen schützt.

Jeder Vogel hat einen Platz, zu dem er immer wieder zurückkehrt.

Schwarzkehl-Honiganzeiger
(Indicator indicator)
Länge: 20 cm

Karminspint
(Merops nubicoides)
Länge: 38 cm

Karminspint

Der Karminspint sitzt nicht selten auf dem Rücken von Störchen, Schafen und Ziegen. Er ernährt sich von Insekten, die von diesen Tieren (oder vom Buschfeuer) aufgescheucht werden. Auch vor stechenden Insekten macht der Vogel nicht halt, er hält sie quer im Schnabel und reibt ihren Hinterleib an einem Ast, so daß der Giftstachel abbricht. Dann wird die Beute im ganzen verschluckt.

Flüsse, Seen und Sümpfe

In Afrika gibt es nicht nur Trockenheit und Dürre, sondern auch riesige Flächen, die von Wasser bedeckt sind. Die Flußtäler vom Niger und Nil sind hier genauso zu nennen wie die großen Sumpfgebiete des Sudd und das Delta des Okavango. Im Wasser leben verschiedene Fische und Lurche, von denen sich viele Vögel ernähren. Zu ihnen gehören z. B. Reiher, Ibisvögel, Störche, Pelikane. Viele Vögel legen ihre Nester im Röhricht und im Gewirr der Uferpflanzen an. Hier sind die Eier und die Küken am besten vor Raubtieren geschützt.
In Ostafrika liegt der große Afrikanische Graben, der sich von Syrien im Norden über das Rote Meer und Ostafrika bis nach Mosambik über Tausende von Kilometern erstreckt und im Verlauf geologischer Zeiträume verbreitert. In Ostafrika bietet der Graben beeindruckende Landschaftbilder. Große Teile des Grabens werden von Seen eingenommen. Hier haben viele europäische und asiatische Vögel ihre Winterquartiere.

Schreiseeadler
(Haliaeetus vocifer)
Länge: 76 cm

Bei der Balz ergreifen Weibchen und Männchen einander mit den Füßen und fliegen taumelnd durch die Luft.

Schreiseeadeler

Schreiseeadler sitzen oft lange Zeit auf Bäumen in Wassernähe. Sie ernähren sich von Fischen, die sie im Flug über die Wasseroberfläche mit ihren scharfen Krallen ergreifen. Aber sie jagen auch anderen Vögeln die Beute ab, z. B. Kormaranen und Pelikanen.

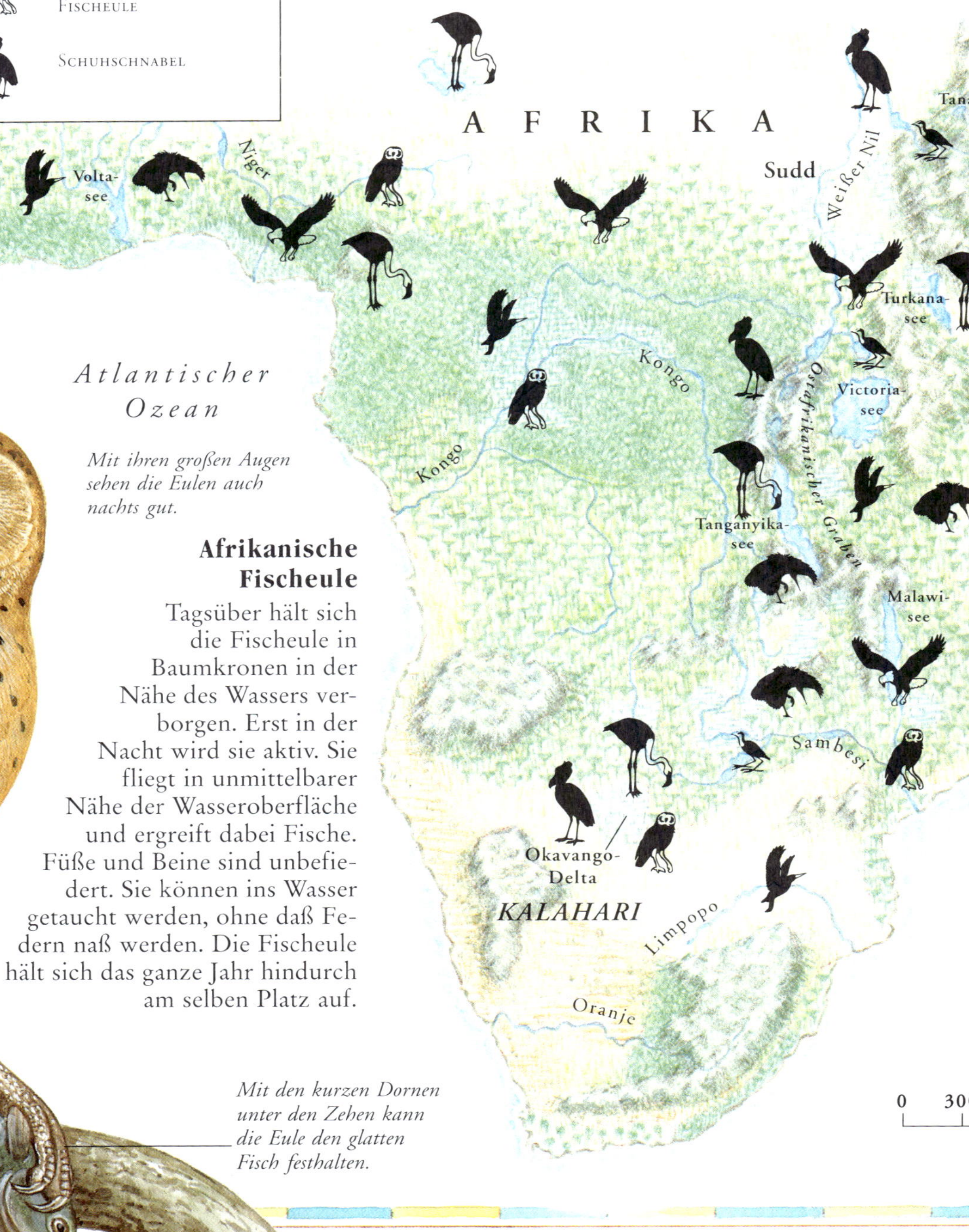

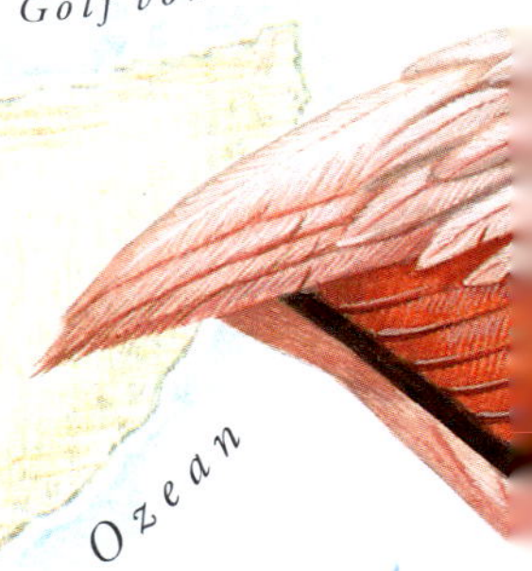

Afrikanische Fischeule
(Scotopelia peli)
Länge: 61 cm

Mit ihren großen Augen sehen die Eulen auch nachts gut.

Afrikanische Fischeule

Tagsüber hält sich die Fischeule in Baumkronen in der Nähe des Wassers verborgen. Erst in der Nacht wird sie aktiv. Sie fliegt in unmittelbarer Nähe der Wasseroberfläche und ergreift dabei Fische. Füße und Beine sind unbefiedert. Sie können ins Wasser getaucht werden, ohne daß Federn naß werden. Die Fischeule hält sich das ganze Jahr hindurch am selben Platz auf.

Mit den kurzen Dornen unter den Zehen kann die Eule den glatten Fisch festhalten.

An den Ufern der ostafrikanischen Seen leben riesige Schwärme von Flamingos. Im flachen Wasser schwebende Lebewesen bilden ihre Nahrung.

In den großen Sümpfen des Okavango-Deltas leben Störche und Pelikane mit Büffeln und Flußpferden zusammen.

Hammerkopf
(Scopus umbretta)
Länge: 50 cm

Hammerkopf

Der Hammerkopf baut aus Zweigen und anderen Pflanzenteilen ein bis zu 2 m großes Nest, das er auf einem Baum in der Nähe des Wassers anlegt. Es enthält drei Kammern. In der obersten, der Eikammer, werden die Eier ausgebrütet. Sobald die Nestlinge größer sind, ziehen sie in die mittlere Kammer um, die wesentlich größer ist. In der untersten befindet sich der Eingang zum Nest.

Um ein solches Nest zu bauen, braucht der Hammerkopf oft mehrere Monate. Manchmal baut er gleichzeitig an mehreren.

Die Vögel ernähren sich von kleinen Wassertieren, die sie im Schlamm finden.

Glockenreiher

Bei der Jagd nach Fischen nimmt der Glockenreiher eine merkwürdige Stellung ein. Der Schnabel ist nach unten gerichtet, und die Flügel sind weit ausgebreitet und nach vorn gebogen. Vielleicht suchen Fische unter dieser Glocke Schutz und werden dabei leicht vom Reiher erbeutet. Vielleicht erkennt der Vogel die Fische aber auch leichter unter der beschatteten Wasseroberfläche.

Glockenreiher
(Melanophoyx ardesiaca)
Länge: bis 66 cm

Mit den ausgebreiteten Flügeln bildet der Vogel eine auffallende Glocke.

Mit dem langen, spitzen Schnabel werden Fische gepackt.

Der Schnabel sieht einem Schuh ähnlich.

Auffallend sind die großen Augen.

Die Schnabelspitze ist gebogen.

Schuhschnabel
(Balaeniceps rex)
Länge: 1,2 m

Schuhschnabel

Der Schuhschnabel ist mit den Störchen verwandt. Den breiten Schnabel an die Brust gedrückt, wartet er auf Beute, die aus Fischen, Fröschen und Schnecken besteht. Aber auch vor einem gerade geschlüpften Krokodil macht er nicht Halt. Zuweilen nehmen die Eltern den Schnabel voll Wasser und sprühen es über die Jungen, um sie abzukühlen.

Zwergflamingos

Tausende von Zwergflamingos brüten an den afrikanischen Seen. Sie ernähren sich von kleinen Tieren und Algen, die sie aus dem Wasser filtern. Die Nestlinge werden mit einer blutroten Flüssigkeit aus dem Vormagen gefüttert. Die Farbe stammt von den Algen. Dieser Algenfarbstoff bewirkt auch die zartrosa Färbung des Gefieders.

Zwergflamingo
(Phoeniconaias minor)
Länge: 1 m

Die Eltern erkennen ihr Junges an der Stimme.

Afrikanisches Blatthühnchen

Während das Blatthühnchen über die Schwimmblätter läuft, schnappt es Insekten, Muscheln und Schnecken. Bei Gefahr taucht es im Wasser unter. Das Männchen baut das Nest, brütet und betreut die Jungen, bis sie selbständig sind.

Afrikanisches Blatthühnchen
(Actophilornis africana)
Länge: 28 cm

Mit den langen Zehen kann das Blatthühnchen über die Seerosenblätter laufen ohne einzusinken.

Asien

Asien ist der größte Kontinent der Erde und umfaßt nahezu ein Drittel der gesamten Landmasse. Die Gebiete im Norden werden von der pflanzenarmen Tundra eingenommen. Daran schließt sich im Süden und Osten die Taiga an, in der bei einem kalten, trockenen Klima vorwiegend immergrüne Nadelwälder wachsen und in der es verhältnismäßig wenige Vogelarten gibt. Auch in den hohen Gebirgen und in den großen Wüsten können nur wenige Vögel leben. Ganz anders ist das dagegen in den warmen, feuchten Gebieten des tropischen Südostasiens. Hier gibt es eine Fülle auffallender Arten von Fasanen, Fliegenschnäppern, Grasmücken und Drosseln. Manche Vögel gibt es sonst nirgends auf der Welt, z. B. den Goldstirn-Blattvogel, Argusfasan und Rhinozerosvogel. Im Westen schließen sich Europa und Afrika an Asien an. In den Grenzgebieten leben Vogelarten dieser Kontinente nebeneinander, und viele sind eng miteinander verwandt. Die Inseln vor Südostasien bilden eine Brücke zu Neuguinea und Australien, die von manchen Vogelarten überschritten wurde. Fast die Hälfte der Erdbevölkerung lebt in Asien, vor allem in Indien und China. Seit Tausenden von Jahren ist die Landschaft von den Menschen geprägt. Landwirtschaft und Viehzucht nehmen immer größere Flächen ein. Und mit der natürlichen Pflanzenwelt nimmt auch die Anzahl der Vögel ständig ab.

Indien in Bewegung

Im Lauf von Jahrmillionen ist Indien bei der Kontinentalverschiebung immer weiter nach Norden gedriftet.

Vor etwa 200 Millionen Jahren
bildeten Indien, Afrika, Australien und die Antarktis eine einzige Erdplatte. Diese zerbrach, und Indien driftete nordwärts (rechts).

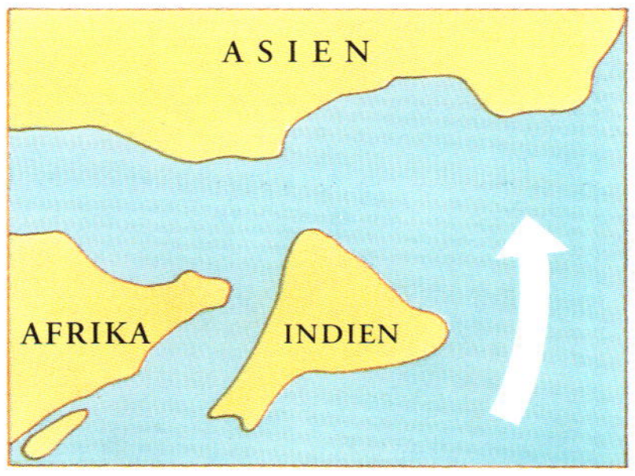

Vor 60 - 40 Millionen Jahren
In dieser Zeit prallte Indien mit einer Geschwindigkeit von 1 km innerhalb von 100 000 Jahren gegen die asiatische Kontinentalplatte. Durch den dabei auftretenden ungeheuren Druck wurden die Gebirgsketten des Himalaya aufgefaltet.

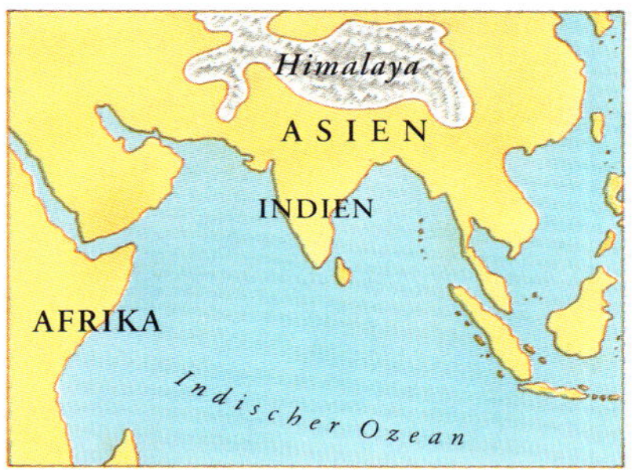

Klima und Landschaft

Die Hochgebirge von Karakorum, Pamir und Himalaya durchschneiden ganz Asien von West nach Ost. Sie trennen die wärmeren, feuchten Gebiete im Süden von den kälteren, trockenen Teilen im Norden. Südostasien besteht aus Tausenden von Inseln. Viele von ihnen sind die Gipfel großer Vulkane, die sich aus dem Meeresboden erheben.

Auf vielen Inseln Südostasiens gibt es während der Monsunzeit heftige Regenfälle.

FAKTEN ÜBER ASIATISCHE VÖGEL

Schwarzspecht
(Dryocopus martius)

Der lauteste Specht
Wenn der Schwarzspecht mit seinem Schnabel einen Baumstamm bearbeitet, kann man das bis zu 1,8 km weit hören.

Der gesprächigste Vogel
Der Beo ist der gesprächigste Vogel der Welt.

Der schwerste Kopf
Der Schildhornvogel hat ein hartes, massives Horn über dem Oberschnabel und dadurch den schwersten Kopf.

Der größte Schwanz
Beim Männchen des Argusfasans können die Schwanzfedern bis zu 1,75 m lang und 13 cm breit werden.

Die schnellsten Küken
Die Küken vom Cabot-Satyrhuhn können bereits 24 Stunden nach dem Schlüpfen fliegen. Innerhalb dieser Zeit wachsen ihnen die Flugfedern, und sie flattern in die Baumkronen.

Der schwerste flugfähige Vogel
Die Großtrappe ist der schwerste flugfähige Vogel und erreicht ein Gewicht von 18 kg – so viel wie ein kleines Kind.

Großtrappe
(Otis tarda)

Fakten über Asien

Das höchste Gebirge
Der Himalaya ist das höchste Gebirge der Erde. Seine höchste Erhebung ist der Mount Everest mit 8848 m, gefolgt vom K2 mit 8611 m.

Die Anzahl der Vogelarten
Etwa 1900 Vogelarten leben im tropischen Asien, in Sri Lanka, Sumatra, Java, Borneo, Taiwan, Hainan und auf den Philippinen. Über 300 sind es auf den Philippinen.

Die größten Wälder
Die Nadelwälder Asiens (die Taiga) bedecken mehr als 12 Millionen km². Sie erstrecken sich von Skandinavien bis zum Pazifischen Ozean. Die Taiga ist das größte zusammenhängende Waldgebiet der Erde.

Die meisten Vulkane
Auf der Insel Java gibt es etwa 50 Vulkane, Mount Bromo (unten) ist der größte. Vulkanische Böden bedecken 16 % von Japan.

Das größte Flußdelta
Das Delta des Ganges und des Brahmaputra in Indien nehmen ein Gebiet von 600 000 km² ein.

Der tiefste See
Mit 1637 m an der tiefsten Stelle ist der Baikalsee in Sibirien der tiefste Binnensee. Er enthält ein Fünftel des Süßwassers der Erde.

Die größten Niederschläge
Im Ort Cherrapunji in Indien fallen die meisten Niederschläge der Welt, 10 800 mm pro Jahr.

Typische Vögel

Im folgenden werden einige Vögel gezeigt, die für die wichtigsten Landschaften in Asien typisch sind. Andere werden auf den nächsten Seiten abgebildet.

Nadelwälder
Kreuzschnäbel (oben) sind in den Nadelwäldern von Nordasien weit verbreitet. Sie leben zusammen mit Hähern, Seidenschwänzen, Eulen, Meisen, Spechten und Rauchfußhühnern.

Tropischer Regenwald
Der Orangebrusttrogon (rechts) und weitere zehn verwandte Trogon-Arten leben im tropischen Regenwald Südostasiens. Auch Nashornvögel, Bartvögel, Breitrachen, Pittas und Nektarvögel kommen hier vor.

Gebirge
Das Rot-Satyrhuhn (unten) brütet in den höheren Gebirgslagen. Es fliegt im Herbst in die wärmeren Gebiete der Ebene, wo es den Winter verbringt. Sein Lebensraum reicht auf diese Weise von den Gebirgswiesen an der Grenze zum ewigen Schnee bis zu den Laubwäldern der Täler.

Wüsten und Halbwüsten
Der Würger (oben) findet in diesen Lebensräumen seine Nahrung. Lerchen und Flughühner ernähren sich von Insekten und Pflanzenteilen.

Flüsse, Seen und Sümpfe
Der Indien-Klaffschnabel (links) teilt diesen Lebensraum mit Störchen, Reihern, Rallen, Kranichen, Löfflern, Ibisvögeln, Enten, Gänsen und Schwänen.

Wälder
Der Pfau (unten) und mehr als 80 Arten von Fasanen leben in den Wäldern Asiens und Südostasiens. Durch die Zerstörung der Wälder sind viele Arten gefährdet.

Ortschaften
Die Krähe (rechts) hat sich an den Menschen gewöhnt und kommt bis in die Felder und Gärten. Auch Tauben, Stare, Papageien und Sperlinge leben hier.

Der Himalaya

Der Himalaya ist eine riesige Gebirgskette im Norden des Indischen Subkontinents mit einer Gesamtlänge von mehr als 2400 km sowie einer Breite von 280 km. Zwischen den vom ewigen Eis bedeckten Gipfeln der Gebirge und dem tropischen Regenwald der Ebene gibt es im Himalaya eine kaum übersehbare Anzahl verschiedener Lebensräume. In den Hochgebirgen sterben viele Tiere an Nahrungsmangel und Kälte. Geier wie der Bartgeier, Raben und andere Vögel suchen deren Kadaver und verzehren sie. In der mittleren Gebirgslage entwickelt sich in den Sommermonaten ein wahrer Blütenteppich, in dem unzählige Insekten leben. Von ihnen ernähren sich Braunellen und Rotschwänze. Knospen, Zwiebeln und Blütentriebe werden von Tauben und Rebhühnern verzehrt. Viele Vögel verbringen den Sommer in dieser Gebirgslage, brüten hier und ziehen ihre Jungen auf. Erst im Herbst fliegen sie in ihre Winterquartiere in die Ebene. Zu ihnen gehören Beos, Drosseln und Papageien. Seit Jahrzehnten werden die Wälder des Himalaya abgeholzt, um Feuerholz und Flächen für die Landwirtschaft zu gewinnen. Die steilen Hänge sind nun nicht mehr geschützt, und der Regen schwemmt den Boden in die Täler und Flüsse. Von ihnen wird der fruchtbare Boden ins Meer getragen. In den Tälern gibt es bei starkem Regen große Überschwemmungen.

Streifengans
(Anser indicus)
Länge: 75 cm

Die Gänse fliegen in einer Formation. Sie nutzen dabei den Luftstrom des voranfliegenden Tieres.

Streifengans

Zwei schwarze Querstreifen auf dem Hinterkopf sind das Kennzeichen der Streifengans. Sie brütet in Mittelasien und zieht im Winter über den Himalaya nach Indien. In der Dämmerung grast sie und fällt dabei auch in Getreidefelder ein. Beim Fliegen machen die Flügel ein weithin schallendes Geräusch.

Bartgeier
(Gypaetus barbatus)
Länge: 1 m
Flügelspannweite: bis 2,7 m

Die kurzen Krallen können kein Tier ergreifen.

Mit der dünnen Zunge leckt der Bartgeier das Mark aus den Knochen.

Bartgeier

Der Bartgeier wird auch Lämmergeier genannt, da er Ziegen, Schafe und andere Tiere mit Flügelschlägen angreift. Er gleitet weit über die Gebirge und sucht tote Säugetiere, aus deren Knochen er seine Nahrung gewinnt. Dazu nimmt er die Knochen auf und läßt sie aus großer Höhe auf einen Felsen fallen – manchmal mehr als 50mal. Aus den zerbrochenen Knochen leckt er das Mark aus. Er kehrt stets zu den gleichen Felsen zurück, so daß sich hier die Knochen häufen.

Im Sommer hat das Männchen eine schwarze Kehle.

Mauerläufer
(Tichodroma muraria)
Länge: 15 cm

Das Tier flattert mit ausgebreiteten Flügeln an Felswänden entlang.

Mauerläufer

Der Mauerläufer sucht seine Nahrung an steilen, von Pflanzen bewachsenen Felsen. Mit den kräftigen Krallen hält er sich an der kleinsten Unebenheit fest und stochert mit dem Schnabel nach Insekten und Spinnen. Immer wieder fliegt er plötzlich mit ausgebreiteten Flügeln auf. Das Nest wird in einer Felsspalte angelegt. Sobald die Jungvögel flügge sind, trennt sich das Elternpaar.

Die Schneetaube fliegt in großen Schwärmen bis zu den schneebedeckten Gipfeln des Himalaya.

Himalaja-Königshuhn

Das Himalaja-Königshuhn lebt in den oberen Gebirgsregionen und steigt bis an die Grenze zum ewigen Schnee. Es ernährt sich von Pflanzen wie Wurzeln, Beeren, Knospen, Laub und Samen. Aber es muß große Strecken zurücklegen, um genügend Futter zu finden. Bei der Balz stoßen die Männchen laute Pfiffe aus, die kilometerweit zu hören sind.

Himalaja-Königshuhn
(Tetraogallus himalayensis)
Länge: 56 cm

Himalaja-Glanzfasan

Dieser Vogel lebt in den lichten Eichen- und Kiefernwäldern des Himalaya und steigt je nach Jahreszeit weiter hinauf oder herab. Er ernährt sich von Wurzeln und Zwiebeln, die er mit dem Schnabel ausgräbt. Bei der Balz umschreitet das Männchen das Weibchen, läßt die Flügel am Boden schleifen und richtet die Federkrone auf. Schließlich senkt es den Schnabel bis auf den Boden und schreitet vor- und rückwärts.

Himalaja-Glanzfasan
(Lophophorus impejanus)
Länge: 70 cm

Weißwangenbülbül
(Pycnonotus leucogenys)
Länge: 20 cm

Weißwangenbülbül

Dieser zierliche Vogel lebt an den Hängen des Himalaya in etwa 2100 m Höhe. Er sitzt oft auf Büschen, wippt mit dem Schwanz und läßt seinen lauten Gesang erschallen. Er ist keineswegs menschenscheu und kommt nicht selten in die Ortschaften, wo er Früchte und Beeren sucht. Sein Nest baut er aus Zweigen.

Beo

Dieser Vogel ist auch unter dem Namen Hügelatzel bekannt. Er lebt in den Baumwipfeln der unteren Gebirgswälder und ernährt sich von Blütennektar und Früchten. Er stößt flötende Rufe aus, ahmt aber auch andere Stimmen nach, z. B. die des Menschen. Deshalb wird der Beo auch als Käfigvogel gehalten.

Beo
(Gracula religiosa)
Länge: 28 cm

Das Männchen des Pfaus breitet seine prachtvollen Schwanzfedern zu einem Rad aus. In den Wäldern des Himalaya leben auch viele Fasane.

Südostasien

Zwischen Asien und Australien liegen im flachen Meer Tausende von Inseln. Auf ihnen treffen asiatische und australische Vogelarten zusammen, die diese Inseln aus unterschiedlichen Richtungen kommend besiedelt haben. Eine Ausnahme machen die Philippinen, die so weit entfernt sind, daß sich auf ihnen eine eigene Vogelwelt entwickelt hat. Viele der kleineren Inseln sind die Gipfel von Vulkanen, die sich weit über den Meeresboden aufgebaut haben. Der fruchtbare vulkanische Boden und das feuchte, warme Klima lassen ausgedehnte tropische Regenwälder wachsen. In ihren Baumkronen leben viele Vogelarten, die sich von Insekten oder Früchten und Samen ernähren. Vom Boden aus kann man sie zwar hören, aber nur selten sehen, da sie vom Blätterdach verdeckt werden. Auf den Inseln leben viele Menschen, und die Bevölkerungszahl nimmt Jahr für Jahr erheblich zu. Das hat weitreichende Folgen. Große Teile des Regenwaldes sind in den letzten Jahrzehnten zerstört worden, um Holz und Ackerland zu gewinnen. Für viele Vögel ist der Lebensraum stark eingeengt, und es ist fraglich, ob sie die nächsten Jahre überleben.

Affenadler
(Pithecophaga jefferyi)
Länge: 95 cm

Affenadler

Der Affenadler kommt nur auf den Philippinen vor. Er gleitet über die Baumkronen und hält Ausschau nach Beutetieren, z.B. Makaken und Riesengleitfliegern. Manchmal erbeutet er auch einen Nashornvogel, der beim Füttern ist. Der Affenadler ist heute einer der seltensten Raubvögel. Nur wenige hundert Paare haben in der freien Natur überlebt.

Nashornvögel

Die Nashornvögel haben einen riesigen Schnabel, der auf dem Oberschnabel einen hornartigen Aufsatz hat. Dieses Horn ist hohl und trotz seiner Größe sehr leicht. Wozu dieser Aufsatz dient, ist nicht recht klar. Vielleicht verstärkt er die Rufe des Vogels, vielleicht dient er als Signal für andere Vögel.

Doppelhornvogel
(Buceros bicornis)
Der Schnabel des Männchens trägt einen großen, gelben Aufsatz.

Schildhornvogel
(Rhinoplax vigil)
Nur beim Schildhornvogel ist das Horn über dem Schnabel massiv und aus einer Substanz wie Elfenbein.

Rhinozerosvogel
(Buceros rhinoceros)
Bei diesem Vogel ist das Horn nach oben gebogen wie bei einem Nashorn.

Nepal-Hornvogel
(Aceros nipalensis)
Statt des Horns sind nur Querbänder ausgebildet.

Argusfasan

Bevor der Argusfasan in der Balzzeit sein »Rad schlägt«, säubert er den Boden. Blätter, Zweige und Steine werden sorgfältig entfernt. Dann schreitet das Männchen auf und ab und ruft mit lauter Stimme, bis ein Weibchen erscheint. Er breitet seine Schwanzfedern aus, die große, farbige Augenflecke zeigen.

Argusfasan
(Argusianus argus)
Länge: (einschließlich des Schwanzes) Männchen 1,9 m; Weibchen 63 cm

Weißnestsalangane
(Callocalia fuciphaga)
Länge: 10 cm

Weißnestsalangane

Tausende von Salanganen bauen ihre Nester in Höhlen und verwenden dazu ausschließlich ihren Speichel. Die Speicheldrüsen sondern große Mengen eines fast durchsichtigen Schleimes ab, der an der Luft schnell fest wird. Das etwa 5 cm große Nest wird von den Menschen eingesammelt und als »eßbares Vogelnest« verkauft.

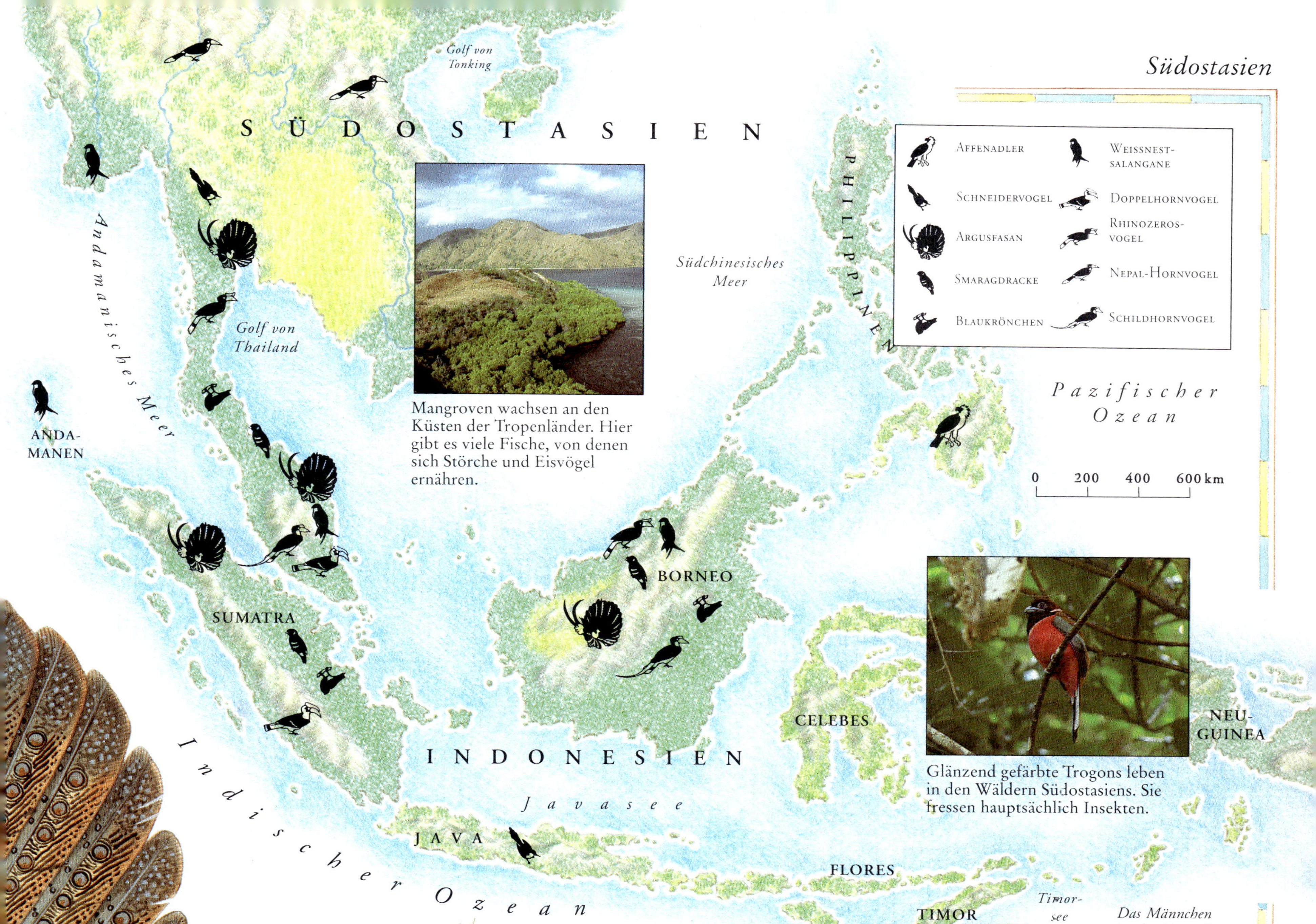

Mangroven wachsen an den Küsten der Tropenländer. Hier gibt es viele Fische, von denen sich Störche und Eisvögel ernähren.

Glänzend gefärbte Trogons leben in den Wäldern Südostasiens. Sie fressen hauptsächlich Insekten.

Smaragdracke

Das grüne Gefieder ist kaum von der Farbe der Blätter zu unterscheiden. Daher ist die Smaragdracke in den Baumkronen nur schwer zu entdecken. Die Vögel ziehen in kleinen Gruppen umher und ernähren sich von Früchten und Knospen. Sie stoßen Rufe aus, die an das Quaken eines Frosches erinnern.

Schneidervogel

Der Schneidervogel formt mehrere Blätter zu einer Tüte. Er durchlöchert die Blattränder mit dem spitzen Schnabel und näht sie sehr geschickt mit Spinnweben aneinander. Dann polstert er dieses Nest mit Haaren und Pflanzenfasern aus. Eier und Nestlinge sind in dem Versteck vor allen Räubern sicher.

Blaukrönchen

Dieser kleine Papagei fliegt durch die Baumkronen und ernährt sich von Blütennektar, Früchten und Samen. Wie ein Specht stützt er sich dabei mit dem kurzen Schwanz ab. Im Gegensatz zu anderen Vögeln hängt er beim Schlafen mit dem Kopf nach unten an einem Zweig. Vielleicht ist er dadurch vor nachtaktiven Raubtieren sicherer.

China und Japan

In China leben mehr Menschen als in jedem anderen Land der Welt, in Japan ist die Bevölkerungsdichte besonders groß. Deshalb gibt es für die Vögel nur noch wenige Gebiete, in denen sie ungestört leben können. Manche wie die Okinawa-Ralle und der Japanische Ibis sind bereits vom Aussterben bedroht. Aber in den Gebirgswäldern finden sich noch zahlreiche Vogelarten, z. B. viele Fasane und Kraniche. Die japanischen Inseln haben sich vor vielen Millionen Jahren vom asiatischen Festland getrennt. So konnten sich viele Vogelarten entwickeln, die es auf dem Kontinent nicht gibt. Die Inselgruppe erstreckt sich über fast 2000 km, deshalb ist das Klima auch unterschiedlich. In Kyushu ist es sehr heiß, in Hokkaido dagegen sehr kalt. In China sind die Wälder im Südwesten ein Rückzugsgebiet für viele Vögel, z. B. Temminck-Satyrhuhn und Goldfasan. Den nördlichen Teil des Landes nehmen Grasländer und Wüsten ein. Hier leben Steppenhühner und Trappen.

Riesenseeadler
(Haliaeetus pelagius)
Länge: Männchen 88 cm; Weibchen 1 m

Riesenseeadler

Im Winter versammeln sich zahlreiche Riesenseeadler in den Gebirgstälern von Nordost-Hokkaido. Hier sind sie vor dem eiskalten Wind während der Nacht geschützt. Tagsüber fliegen sie umher und suchen Nahrung. Sie fliegen dicht über die Meeresoberfläche und packen mit ihren spitzen Krallen einen Fisch. Aber sie ernähren sich auch von toten Seelöwen und anderem Aas, das sie mit den scharfen Schnabelrändern anschneiden.

Mikadofasan
(Syrmaticus mikado)
Länge: Männchen 88 cm; Weibchen 53 cm

Mikadofasan

Diesen Vogel gibt es nur auf Taiwan, und auch hier ist er sehr selten. Er lebt in dichten Wäldern von Eichen, Kiefern, Wacholder und Bambus und ernährt sich von Früchten, Samen, Blättern und Insekten. Das Weibchen legt im Frühjahr fünf bis zehn Eier.

Beutelmeise
(Remiz pendulinus)
Länge: 11 cm

Beutelmeise

Die Beutelmeise lebt im Röhricht von Teichen und Seen, wo sie Insekten und Spinnen fängt, im Winter aber auch Früchte und Samen frißt. Das Männchen baut ein hängendes Nest an einem Weiden- oder Birkenzweig. Vom Weibchen wird es ausgepolstert. Nach einer Brutzeit von etwa zwei Wochen schlüpfen die Jungen.

Japanischer Brillenvogel
(Zosterops japonica)
Länge: 11 cm

Japanischer Brillenvogel

Der Japanische Brillenvogel lebt nur auf der Insel Honshu. Er fliegt in kleinen Gruppen von Baum zu Baum und sucht Insekten, Samen, Früchte und Knospen. Außerdem leckt er mit der pinselförmigen Zungenspitze Nektar aus den Blüten. Im Winter kommt er bis in die Gärten.

Kragenente

Die Kragenente lebt in reißenden Gebirgsbächen. Sie verbringt den Winter an der Meeresküste, wo sie selbst in der stärksten Brandung schwimmt. Zur Brutzeit kehrt sie in das Landesinnere zurück. Unter Wasser kann sie sich sogar stromaufwärts bewegen. Ihr lauter, schriller Ruf übertönt das Tosen des Wassers und kann weithin gehört werden.

Kragenente
(Histrionicus histrionicus)
Länge: bis 48 cm

Singschwäne verbringen den Winter in Japan an der Küste. Sie brüten aber an Teichen und Seen.

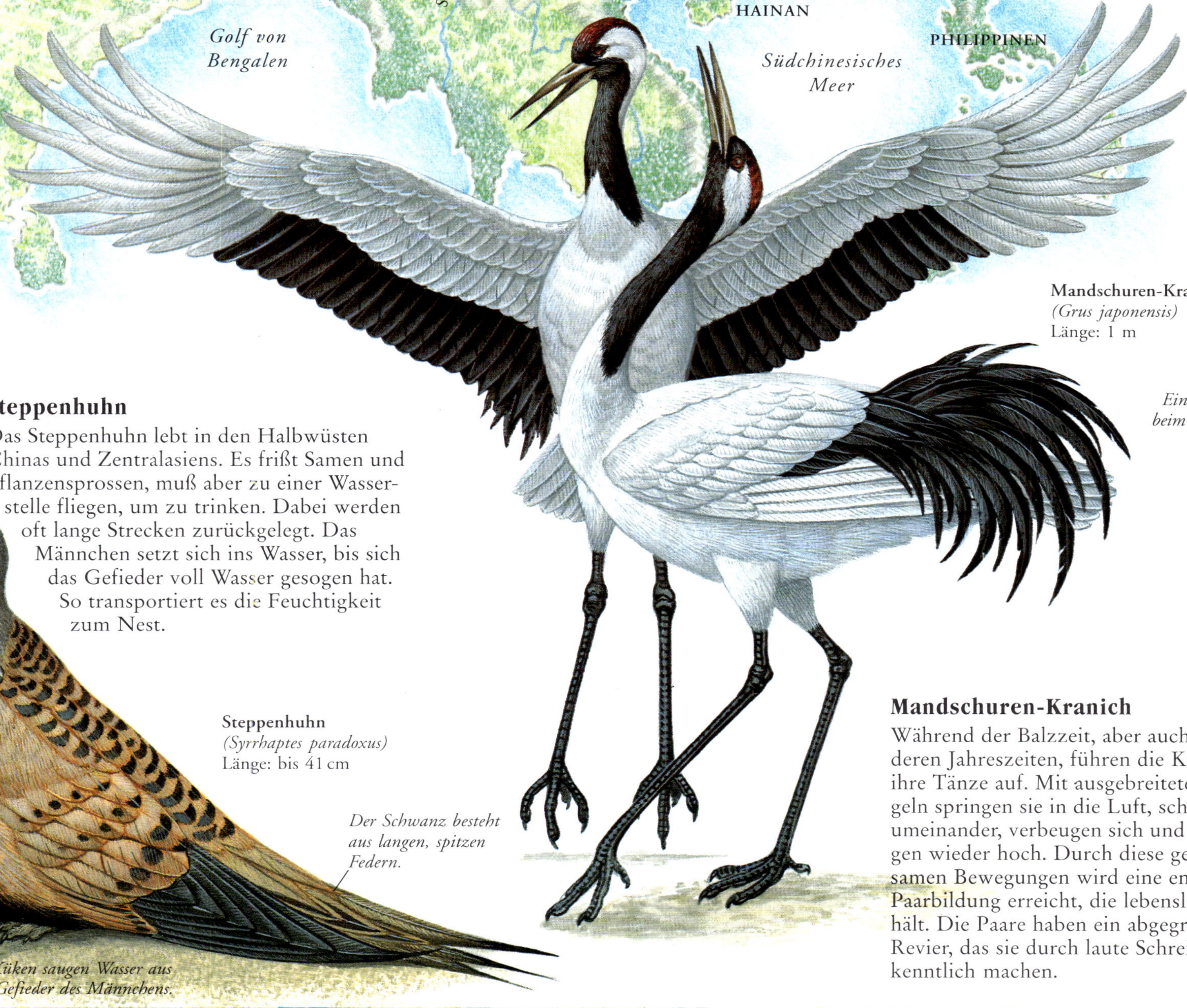

Mandschuren-Kranich
(Grus japonensis)
Länge: 1 m

Ein Paar beim Tanz

Steppenhuhn

Das Steppenhuhn lebt in den Halbwüsten Chinas und Zentralasiens. Es frißt Samen und Pflanzensprossen, muß aber zu einer Wasserstelle fliegen, um zu trinken. Dabei werden oft lange Strecken zurückgelegt. Das Männchen setzt sich ins Wasser, bis sich das Gefieder voll Wasser gesogen hat. So transportiert es die Feuchtigkeit zum Nest.

Steppenhuhn
(Syrrhaptes paradoxus)
Länge: bis 41 cm

Der Schwanz besteht aus langen, spitzen Federn.

Die Küken saugen Wasser aus dem Gefieder des Männchens.

Mandschuren-Kranich

Während der Balzzeit, aber auch in anderen Jahreszeiten, führen die Kraniche ihre Tänze auf. Mit ausgebreiteten Flügeln springen sie in die Luft, schreiten umeinander, verbeugen sich und springen wieder hoch. Durch diese gemeinsamen Bewegungen wird eine enge Paarbildung erreicht, die lebenslang anhält. Die Paare haben ein abgegrenztes Revier, das sie durch laute Schreie kenntlich machen.

Australien und Ozeanien

Zu dieser geographischen Einheit werden außer Australien (dem kleinsten Kontinent der Erde) auch Neuseeland und Neuguinea sowie tausend kleinere Inseln im Pazifischen Ozean gerechnet. Australien hat sich vor vielen Millionen Jahren von dem Urkontinent getrennt, und die Tierwelt durchlief seitdem eine eigene Entwicklung. Vögel wie die Leierschwänze, Dickichtschlüpfer und Emus in Australien und Neuguinea sowie die Kiwis in Neuseeland sind Beispiele hierfür.
Andererseits kommen Vogelarten wie Fasane, Spechte und Finken in Australien nicht vor. Einige Vogelarten fliegen nach Australien, um hier zu überwintern. Manche Seevögel kommen vom Norden auf diesen Kontinent, manche Meeresvögel vom Süden.
Seit der Entdeckung Australiens durch die Europäer vor etwa 200 Jahren kamen immer mehr Menschen mit Schafen, Kühen und Kaninchen hierher. Die Menschen wandelten große Flächen in Weiden und Ackerland um und bauten Dörfer und Städte. So wurde der Lebensraum vieler Vögel zerstört.

Klima und Landschaft

Große Teile Inneraustraliens sind durch ein heißes, trockenes Klima geprägt und werden von einer Wüste eingenommen.
Am Südrand des Kontinents ist es dagegen kühler und feuchter. Tropisch-feuchtes Klima herrscht in Nordostaustralien und auf Neuguinea. Neuseeland ist kühler und hat ein gemäßigtes Klima. Die Jahreszeiten liegen in diesem Gebiet umgekehrt wie bei uns: Wenn in Europa Sommer ist, dann ist in Australien Winter.

In Bewegung

Nachdem Australien mit der Antarktis verbunden war, zerbrach vor etwa 50 Millionen Jahren die Erdscholle, und Australien driftete ab. Durch die Isolation des Kontinents in den folgenden 30 Millionen Jahren konnten sich hier merkwürdige Tierformen entwickeln.
Vor 10 Millionen Jahren war der Abstand zu Neuguinea so klein geworden, daß asiatische Vögel nach Nordaustralien gelangten.

Fakten über australische und ozeanische Vögel

Der schnellste Schläfer
Der Stachelschwanzsegler fliegt bis zu 100 km/h und schläft sogar beim Fliegen.

Ein strenger Geruch
Das Männchen der Lappenente hat einen merkwürdigen Hautlappen unter dem Schnabel, mit dem es ein Weibchen anlocken will. Während der Balz strömt es einen strengen Geruch nach Moschus aus.

Lappenente *(Biziura lobata)*

Der gekrümmte Schnabel
Der Schiefschnabel-Regenpfeifer auf Neuseeland hat einen zur Seite gebogenen Schnabel.

Brillenpelikan *(Pelecanus conspicillatus)*

Der längste Schnabel
Beim Brillenpelikan kann der Schnabel bis zu 47 cm lang sein.

Der größte Nisthaufen
Das Thermometerhuhn baut eine Art »Komposthaufen«, in dem die Eier durch verwesende Pflanzenteile erwärmt werden. Dieser Hügel kann 5 m breit und 1 m hoch sein.

Die größten Vögel
Der Emu und der Kasuar sind nach dem Strauß die größten Vögel der Welt. Alle diese Vögel können nicht fliegen, aber sehr schnell und ausdauernd laufen.

Fakten über Australien und Ozeanien

Der größte Felsen
Der Ayers Rock ist der größte freistehende Felsen der Welt. Er liegt mitten in Australien, ist 6 km lang, 2,4 km breit und erhebt sich 348 m über die Erdoberfläche. Von den Ureinwohnern Australiens wurde der Felsen Uluru genannt.

Die Zahl der Vogelarten
Mehr als 1730 Vogelarten leben in diesem Gebiet. Etwa 60 % der Vögel, die in Australien brüten, gibt es nur auf diesem Kontinent.

Der längste Fluß
Der Murray-Darling ist mit 3750 km das längste Flußsystem Australiens.

Das größte Korallenriff
Das Große Barriereriff vor der Nordostküste Australiens ist mehr als 2000 km lang und enthält über 300 Arten von Korallen. Es wurde im Verlauf langer Zeiträume von Korallen aufgebaut und wächst heute noch.

Der höchste Geysier der Region
Der Pohutu-Geysier schleudert Wasserdampf und Wasser bis zu 30 m hoch in die Luft. Er liegt in einem Vulkangebiet auf der Nordinsel Neuseelands.

Die geringste Bevölkerungszahl
Nur in der Antarktis leben noch weniger Menschen als in Australien und Ozeanien. Auf Neuseeland und in Australien gibt es zehnmal so viel Schafe und Rinder wie Menschen.

Der flachste Kontinent
Australien ist der flachste Kontinent. Etwa zwei Drittel des Landes liegen nur 300 bis 600 m über Meereshöhe.

Der größte See
Der Eyresee ist der größte See in Australien. Er trocknet zuweilen fast vollständig aus, kann aber nach einer langen Regenperiode auch bis 8900 km² groß werden.

Große Teile Westaustraliens werden von Wüsten und Halbwüsten eingenommen. Feuchte Luft, die vom Pazifischen Ozean kommt, wird im Osten durch die Gebirge der Great Dividing Range aufgehalten.

Eukalyptuswälder
Der Blauwangenlori (oben) und die Honigfresser ernähren sich vom Blütennektar dieser Bäume, während Papageien ihre Samen fressen.

Typische Vögel
Hier werden einige Vogelarten gezeigt, die für die verschiedenen Lebensräume Australiens typisch sind. Sie umfassen den tropischen Regenwald ebenso wie die Eukalyptuswälder, Flüsse, Seen und Wüsten. Auf den folgenden Seiten wird mehr über diese Vögel berichtet.

Tropischer Regenwald
In den Wäldern Neuguineas leben nicht weniger als 37 Arten von Paradiesvögeln, z. B. Raggis Großer Paradiesvogel (oben). Vier weitere Arten gibt es in Australien.

Sümpfe
Der Brolga (links) baut sein Nest in Sumpfgebieten, wo er Schutz vor Verfolgern findet. Aber auch Rohrdommeln, Reiher und Ibisvögel leben hier.

Buschland
Würger (links) wie Elstern und Würgerkrähen sind in den Trockengebieten Neuguineas und Australiens weit verbreitet. Viele sind auf diesen Lebensraum spezialisiert.

Flüsse und Seen
In diesem Lebensraum brüten viele Arten von Gänsen und Enten sowie der Schwarzhalsschwan (links).

Inseln
Den Streifenkiwi (links) gibt es nur auf Neuseeland. Diese flugunfähigen Vögel konnten sich nur dort entwickeln, wo sie keine natürlichen Feinde hatten.

Wüsten
Goldstirn-Trugschmätzer (unten) sowie einige Papageien und Tauben können sogar in der Wüste leben. Sie müssen weite Strecken fliegen, um Wasser zu finden.

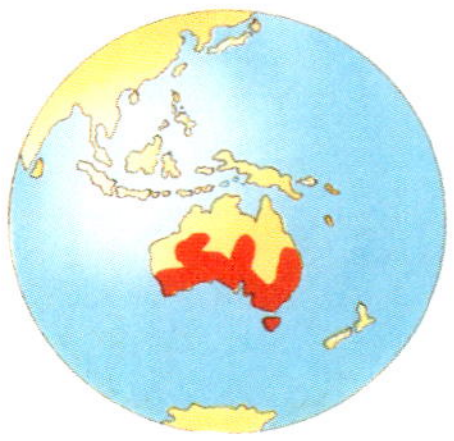

Wälder und Wüsten

Große Teile Inneraustraliens haben ein heißes, trockenes Klima und werden von Wüsten eingenommen. Dennoch lebt hier eine beachtliche Anzahl von Vogelarten. Südsee-Grasmücken, Papageien und Tauben ernähren sich von Pflanzensamen, die es in ausreichender Menge gibt. Aber sie müssen oft weite Strecken zurücklegen, um Wasser zu finden. Raubvögel jagen Reptilien und kleine Beuteltiere, die hier in großer Menge leben. Im Südosten und Südwesten des Kontinentes gibt es riesige Eukalyptuswälder. Das Klima ist hier kühler und feuchter. In der Regenzeit bilden sich vorübergehend Teiche und Flüsse, in denen Ibisvögel, Pelikane, Schwarzhalsschwäne und Enten brüten. Honigfresser und Loris ernähren sich vom Blütennektar und von Baumsäften der Eukalyptusbäume, Grevillien und Banksien. Papageien brechen mit ihrem starken Schnabel Früchte auf und verzehren die Samen. Bei der Nahrungsaufnahme sorgen die Vögel zugleich für die Bestäubung der Blüten und für die Verbreitung der Samen. Aber auch die Insektenfresser kommen nicht zu kurz. Sie finden in der Rinde und an den Blättern der Eukalyptusbäume zahlreiche Insekten.

Der starke Schnabel erbeutet Insekten und kleine Schlangen.

Kookaburra
(Dacelo gigas)
Länge: 45 cm

Kookaburra

Dieser Vogel ist auch unter dem Namen Lachender Hans bekannt, weil er ein lautes, fast menschlich klingendes Gelächter ausstößt. Die Eingeborenen nennen ihn »Buschmannsuhr« – er weckt sie bei Sonnenaufgang durch seine Rufe und ist auch bei Sonnenuntergang besonders laut zu hören. In Wirklichkeit grenzt der Vogel mit dem Geschrei sein Revier ab und warnt Rivalen, es zu betreten. Er ist nicht selten und nimmt in Gärten Nahrung an, die für ihn ausgelegt wird.

Westlicher Dornschnabel-Honigfresser

Dieser Vogel saugt Nektar aus Eukalyptusblüten. Schnabel und Zunge sind den Blüten dieser Bäume genau angepaßt. Er schwirrt vor den Blüten und taucht seinen Schnabel tief hinein, bis er an den Nektar kommt und ihn mit der pinselförmigen Zunge aufnimmt. Auch Banksien werden angeflogen, und zuweilen fressen die Vögel auch Früchte und Insekten.

Westlicher Dornschnabel-Honigfresser
(Acanthorhynchus superciliosus)
Länge: 15 cm

Der westliche Dornschnabel-Honigfresser ernährt sich vom Blütennektar der Eukalyptusbäume.

Ein Honigfresser vor dem Blütenstand einer Banksie: Während er Nektar saugt, wird sein Gefieder mit Pollenkörnern eingestäubt, die er zur nächsten Blume trägt.

Staffelschwanz
(Malurus splendens)
Länge: 14 cm

Der Vogel wippt häufig mit dem Schwanz, wenn er auf einem Zweig sitzt.

Das Männchen hat im Hochzeitskleid ein glänzendes, blaues Gefieder. Die Weibchen sind unscheinbar gefärbt.

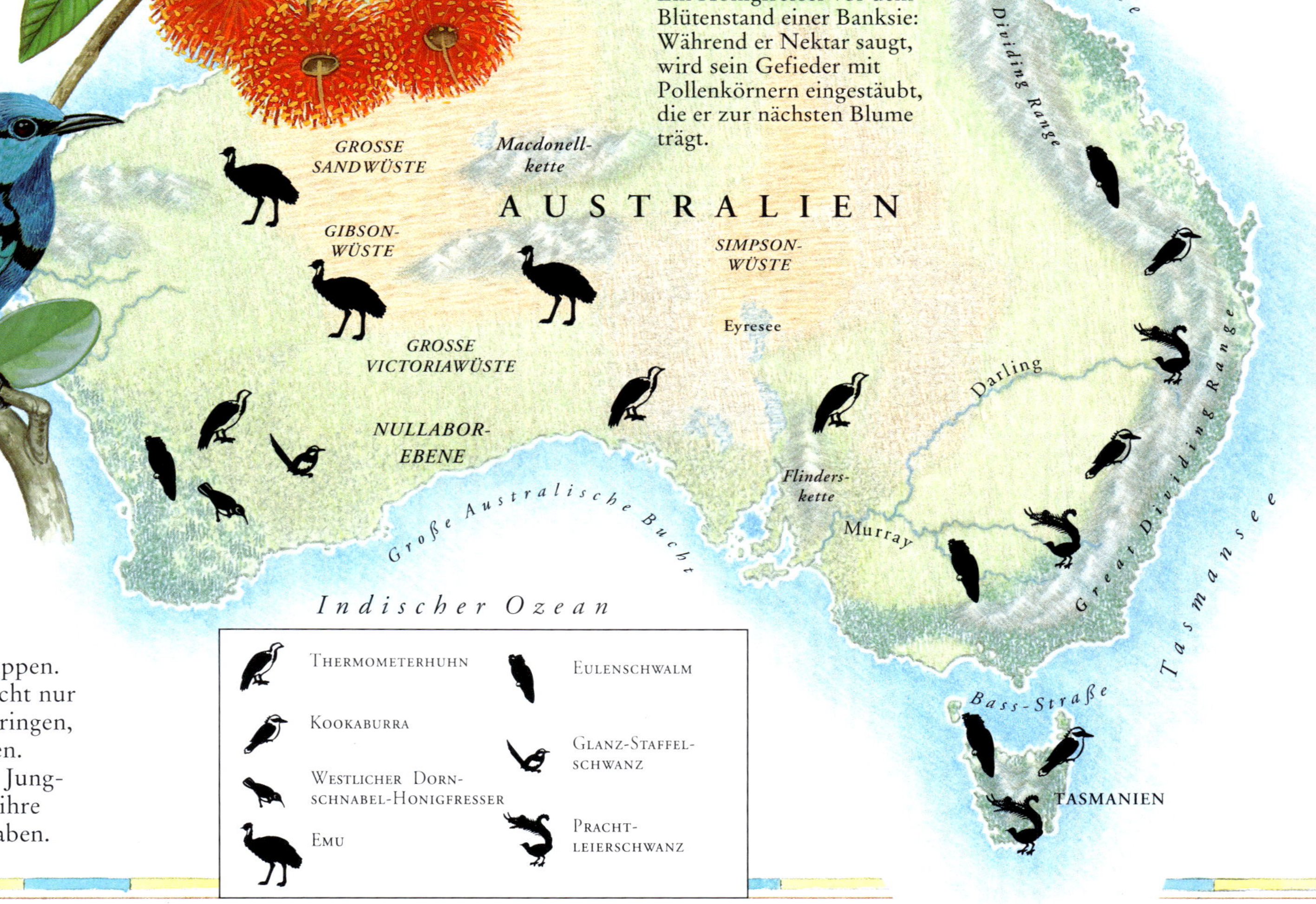

Glanz-Staffelschwanz

Diese Vögel brüten in kleinen Gruppen. Jedes Paar hat einige Helfer, die nicht nur Nahrung für die Jungvögel heranbringen, sondern auch die Küken verteidigen. Wahrscheinlich handelt es sich um Jungvögel, die zwar schon flügge sind, ihre Eltern aber noch nicht verlassen haben.

Eulenschwalm

Mit seinem grau und braun gefleckten Gefieder ist der Eulenschwalm am Tag zwischen den Baumästen nur sehr schwer zu erkennen. In der Nacht verläßt er sein Versteck und geht auf die Jagd, indem er flach über den Boden fliegt. Insekten, Hundertfüßer, Frösche und Mäuse sind seine Beute. Mit dem breiten Schnabel ergreift er sie zwischen dem Laub. Die kurzen steifen Federn über dem Schnabel dienen ihm in der Dunkelheit als Tastorgan.

Wenn ein Eulenschwalm unbeweglich auf einem Ast sitzt, ist er von einem toten Ast kaum zu unterscheiden.

Eulenschwalm
(Podargus strigoides)
Länge: 46 cm

Emu

Der Emu hat nur ganz kurze Flügel und kann nicht fliegen. Dennoch erreicht er mit seinen langen Beinen eine erhebliche Geschwindigkeit. Bei der Nahrungssuche folgt er dem Regen. Die ungünstige Jahreszeit kann er nur überleben, wenn er genügend Körperfett gespeichert hat. Mehrere Weibchen legen ihre Eier in eine Erdmulde und das Männchen betreut sie.

Emu
(Dromaius novaehollandiae)
Länge: 2 m
Scheitelhöhe: 1,8 m

Bei Gefahr kann der Emu bis zu 48 km/h schnell laufen.

Der Emu ist mit dem Strauß verwandt. Er hat drei Zehen, während der Strauß nur zwei an jedem Fuß hat.

Thermometerhuhn

Das Männchen baut aus Erde, feuchten Blättern und Zweigen einen großen Erdhügel. Dann kommt das Weibchen und legt mehrere Eier in die Eikammer. Das Sonnenlicht und die Zersetzung der Pflanzen erwärmen das Gelege auf 33 °C. Das Männchen ist ständig damit beschäftigt, diese Temperatur aufrechtzuerhalten. Wenn es tagsüber zu warm wird, deckt es die Eier ab, am Abend deckt es sie wieder zu. Die Jungen graben sich gleich nach dem Schlüpfen aus dem Hügel und laufen davon.

Das Männchen prüft die Nesttemperatur mit dem Schnabel.

Thermometerhuhn
(Leipoa ocellata)
Länge: 60 cm

Die kräftigen Zehen werden zum Graben benutzt.

An den Wasserstellen finden sich Tausende von Wellensittichen ein. Sie sind gelb und grün gefärbt. Käfigvögel werden auch in anderen Farben gezüchtet.

Prachtleierschwanz

Das Männchen des Prachtleierschwanzes tanzt und singt vor dem Erdhaufen, um ein Weibchen anzulocken und andere Männchen zu vertreiben. Er breitet seine Schwanzfedern aus und legt sie über den Kopf wie einen silbern schimmernden Vorhang. Der Körper ist darunter fast verborgen. Das Weibchen baut das Nest allein und versorgt auch das einzige Küken, das sieben Wochen nach dem Schlüpfen das Nest verläßt.

Die beiden äußeren Schwanzfedern sind gebogen wie bei der Leier, einem Musikinstrument der Alten Griechen.

Prachtleierschwanz
(Menura novaehollandiae)
Länge: Männchen (einschließlich des Schwanzes) bis 1 m; Weibchen 50 cm

Der Vogel hat lange, kräftige Beine.

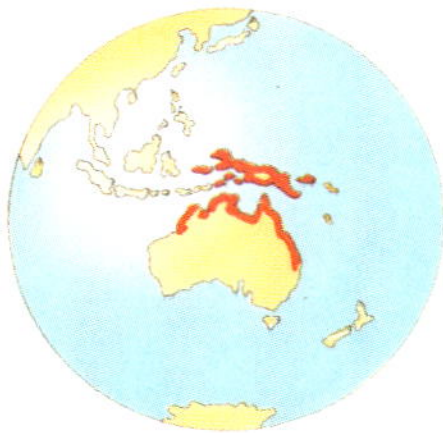

Regenwälder

Nordostaustralien wird von einem tropischen Regenwald eingenommen, der den Wäldern Neuguineas sehr ähnlich ist. Diese Gebiete haben ein warmes Klima und das ganze Jahr hindurch starke Niederschläge. Die hohen Bäume tragen ständig Blüten und Früchte, so daß die Vögel immer Nahrung finden. Leider wird dieser Regenwald abgeholzt, um Platz für Siedlungen und Bergwerke zu schaffen. Neuguinea ist eine etwa 2200 km lange Insel, die nördlich von Australien liegt. In die von tiefen Schluchten durchzogenen, hohen Gebirge drang lange Zeit kein Mensch ein. Deshalb ist die Insel noch heute ein Vogelparadies. Die Lauben- und Paradiesvögel haben kaum Feinde. Auf Neuguinea gibt es mehr Arten von Eisvögeln als irgendwo sonst auf der Welt.

Bei Gefahr fliegt die Taube auf einen Baum.

Fächertaube
(Goura victoria)
Länge: 66 cm

Fächertaube

Die Fächertaube ist fast so groß wie ein Huhn und baut ihr Nest im Kronendach hoher Bäume auf Neuguinea. Bei der Balz breitet das Männchen die Fächerfedern am Kopf und die Schwanzfedern aus und läßt laute Rufe erschallen, um das Weibchen anzulocken. Die Vögel halten sich in kleinen Gruppen auf dem Boden auf und fressen Früchte und Samen.

Flußläufe, die den Regenwald durchziehen, bieten den Vögeln in Nordostaustralien gute Lebensbedingungen. Der Gegensatz dazu sind die Wüsten im Inneren des Kontinentes.

Laubenvögel

Die Laubenvögel sind eng mit den Paradiesvögeln verwandt, die Männchen haben aber nicht deren prächtiges Gefieder. Um die Weibchen anzulocken, bauen sie aus Zweigen kunstvolle Gebilde wie »Alleen«, »Maibäume« und »Lauben«. Wenn das Weibchen sich für einen bestimmten »Bauherren« entschlossen hat, fliegt es mit ihm davon und baut sein Nest zwischen Baumkronen.

Seidenlaubenvogel
(Ptilonorhynchus violaceus)
Länge: 33 cm

Die »Laubenallee« des Seitenlaubenvogels wird mit blauen Gegenständen geschmückt.

Gelbhaubengärtner
(Amblyornis macgregoriae)
Länge: 25,5 cm

Der »Maibaum« des Gelbhaubengärtners

Hüttengärtner
(Amblyornis inornatus)
Länge: 30 cm

Die »Laube« des Hüttengärtners

Helmkasuar

Dieser Kasuar kann fast so groß und schwer werden wie ein erwachsener Mensch. Auf seinem Kopf hat er einen hohen knöchernen Helm, mit dem er das Gestrüpp durchtrennt, wenn er sich mit vorgestrecktem Hals durch den Wald bewegt. Sein Körper ist durch die dicken, stabförmigen Federn vor Verletzungen geschützt. Kasuare leben im tropischen Regenwald und ernähren sich von Früchten.

Während der Balz stoßen die Männchen laute Rufe aus.

Mit den kräftigen Beinen und den langen Krallen verteidigt sich der Kasuar.

Gestreiftes Gefieder tarnt den Jungvogel.

Helmkasuar
(Casuarius casuarius)
Länge: 1,5 m
Gewicht: bis 55 kg

Blauer Paradiesvogel

Um dem Weibchen die ganze Pracht seines Gefieders zu zeigen, hängt sich der Blaue Paradiesvogel kopfüber an einen Ast. Er breitet die seidigen Federn an seinen Körperflanken weit aus. Die beiden drahtartigen Schwanzfedern sind nach oben gerichtet und stark gebogen. Kurz vor Sonnenaufgang beginnt das Balzspiel der Männchen, das durch laute Rufe eingeleitet wird. Sie schütteln sich plötzlich und breiten dann ihr Gefieder aus.

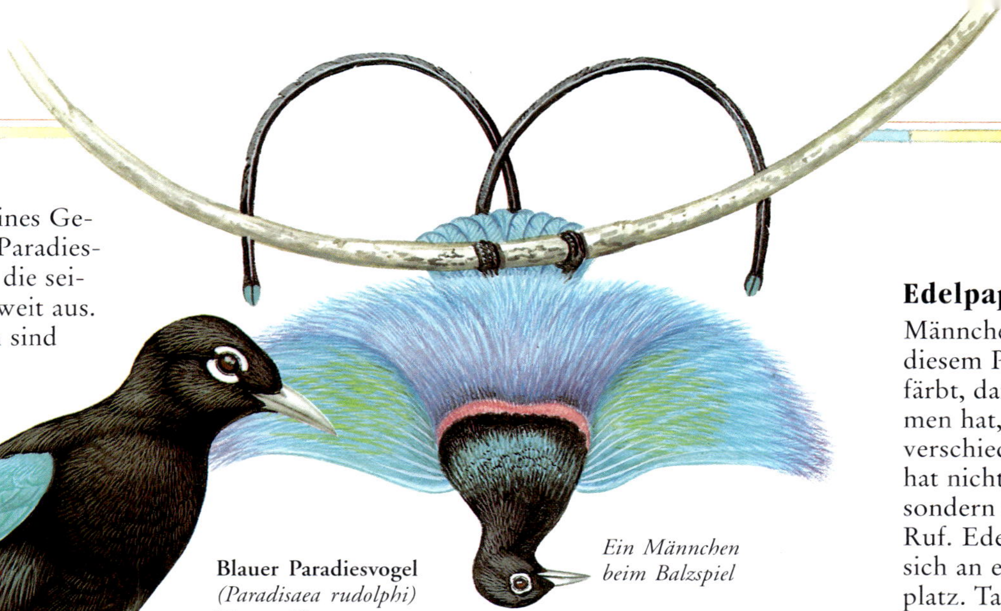

Ein Männchen beim Balzspiel

Blauer Paradiesvogel
(Paradisaea rudolphi)
Länge: 30 cm

Männchen des Blauen Paradiesvogels im Hochzeitskleid

Edelpapagei

Männchen und Weibchen sind bei diesem Papagei so verschieden gefärbt, daß man lange Zeit angenommen hat, es handele sich um zwei verschiedene Arten. Das Weibchen hat nicht nur die helleren Farben, sondern auch einen schallenden Ruf. Edelpapageien versammeln sich an einem gemeinsamen Schlafplatz. Tagsüber verstreuen sie sich in den Baumkronen und fressen Früchte, Samen und Blätter.

Das Männchen hält die Schwanzfedern während der Balz aufrecht.

Königsparadiesvogel
(Cicinnurus regius)
Länge: 16 cm
Schwanz des Männchens: 14 cm

Königsparadiesvogel

Wie Seide glänzen die roten Federn vom Männchen des Königsparadiesvogels. Das Weibchen wirkt dagegen unscheinbar, ist aber durch seine bräunliche Farbe gut getarnt. Als einzige Art seiner Verwandtschaft brütet der Königsparadiesvogel in einer Baumhöhle. Nur das Weibchen versorgt die Eier und Jungvögel.

Männchen

Weibchen

Edelpapagei
(Lorius roratus)
Länge: 38 cm

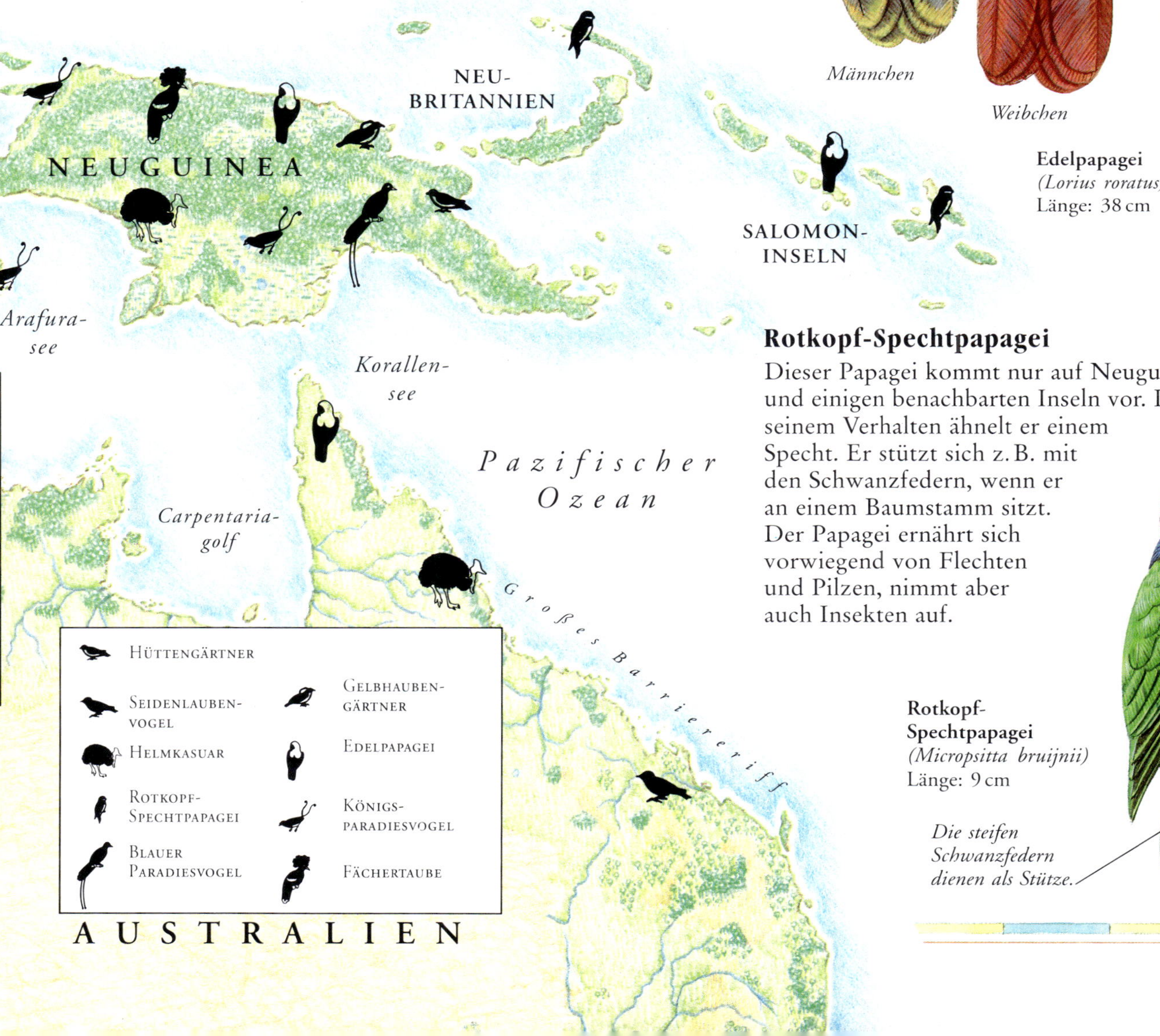

Der Helmkakadu ernährt sich von Früchten. Sein Ruf erinnert an eine knarrende Tür.

Rotkopf-Spechtpapagei

Dieser Papagei kommt nur auf Neuguinea und einigen benachbarten Inseln vor. In seinem Verhalten ähnelt er einem Specht. Er stützt sich z. B. mit den Schwanzfedern, wenn er an einem Baumstamm sitzt. Der Papagei ernährt sich vorwiegend von Flechten und Pilzen, nimmt aber auch Insekten auf.

Rotkopf-Spechtpapagei
(Micropsitta bruijnii)
Länge: 9 cm

Die steifen Schwanzfedern dienen als Stütze.

Neuseeland

Neuseeland liegt etwa 1600 km südöstlich von Australien und besteht aus zwei Hauptinseln: der Nord- und Südinsel. Ein Gebirgsmassiv durchzieht beide Inseln von Nordosten nach Südwesten. Auf der Nordinsel gibt es ein warmes Klima und mehrere tätige Vulkane. Die Südinsel ist kühler, hat Laubwälder und in den höheren Gebirgen Gipfel mit ewigem Schnee. Wegen der isolierten Lage leben auf Neuseeland nicht so viele Vogelarten, aber viele von ihnen sind sehr eigentümlich und kommen nur auf diesen Inseln vor. Neuseeland wurde vor etwa 80 Millionen Jahren von Australien getrennt. Da es auf Neuseeland nur wenige Säugetiere gibt, haben die Vögel viele Lebensräume eingenommen, die auf anderen Kontinenten von den Säugetieren besetzt sind. Manche Vögel wie die Kiwis und der Takahe können nicht fliegen und sind Bodenbewohner. Da es keine Raubtiere gab, konnten sie bis heute überleben. Aber seitdem die Menschen Raubtiere eingeführt haben, sind die flugunfähigen Vögel vom Aussterben bedroht.

Kea
(Nestor notabilis)
Länge: 46 cm

Der Oberschnabel ist gebogen und länger als der Unterschnabel, beim Männchen noch länger als beim Weibchen.

Kea

Die Schafzüchter der Südinsel bezeichnen ihn als Schaftöter. Der von ihm angerichtete Schaden ist jedoch nur gering. Dieser merkwürdige Papagei ernährt sich von Pflanzenteilen, Insekten und auch von Aas. Anders als seine Verwandten lebt er auch im Schnee. Er brütet in den Gebirgen und kommt im Winter in die Ebene herab. Das Nest wird in einer Erdhöhle angelegt.

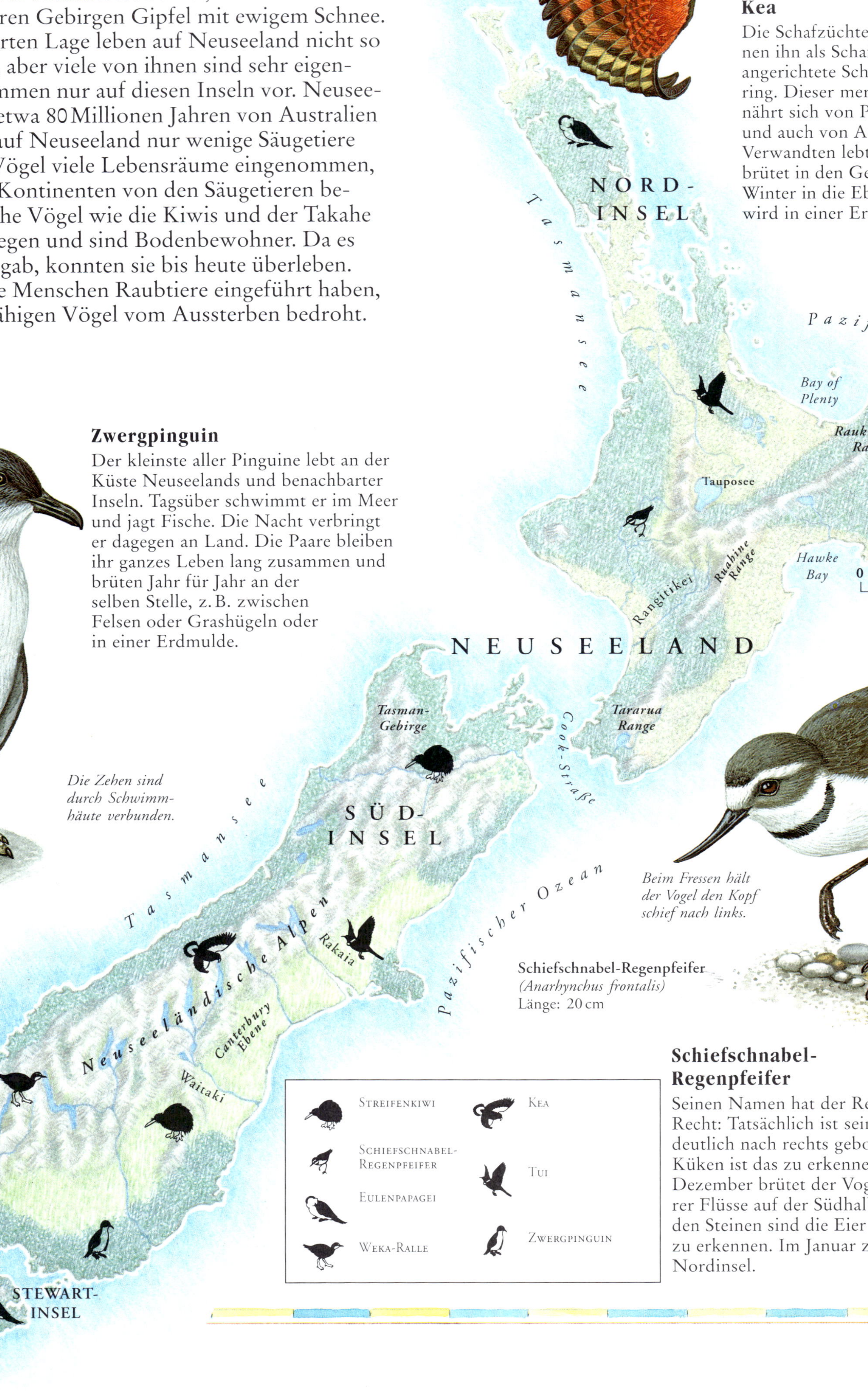

Zwergpinguin

Der kleinste aller Pinguine lebt an der Küste Neuseelands und benachbarter Inseln. Tagsüber schwimmt er im Meer und jagt Fische. Die Nacht verbringt er dagegen an Land. Die Paare bleiben ihr ganzes Leben lang zusammen und brüten Jahr für Jahr an der selben Stelle, z. B. zwischen Felsen oder Grashügeln oder in einer Erdmulde.

Die Zehen sind durch Schwimmhäute verbunden.

Zwergpinguin
(Eudyptula minor)
Scheitelhöhe: 40 cm

Beim Fressen hält der Vogel den Kopf schief nach links.

Schiefschnabel-Regenpfeifer
(Anarhynchus frontalis)
Länge: 20 cm

Schiefschnabel-Regenpfeifer

Seinen Namen hat der Regenpfeifer zu Recht: Tatsächlich ist seine Schnabelspitze deutlich nach rechts gebogen. Bereits beim Küken ist das zu erkennen. Von August bis Dezember brütet der Vogel im Geröll größerer Flüsse auf der Südhalbinsel. Zwischen den Steinen sind die Eier und Nestlinge kaum zu erkennen. Im Januar ziehen die Vögel zur Nordinsel.

Viele Seevögel – wie diese Austernfischer – brüten an der Küste Neuseelands. Andere rasten hier auf dem Weg zur Antarktis.

Tui
(Prosthemadera novaezealandiae)
Länge: 31 cm

Die weißen Seitenbüschel bewegen sich auf und ab, wenn der Vogel singt. Bei den Weibchen sind sie kleiner als beim Männchen.

Wenn es genügend Nahrung gibt, kommen die Tuis in größeren Gruppen vor.

Tui

Der Tui gehört zu den Nektarvögeln, die sich von Blütennektar ernähren und dabei die Blüten bestäuben. Sie ähneln in der Lebensweise den Kolibris der Neuen Welt, ohne mit diesen verwandt zu sein. Die lautstarken Tuis fliegen mit großer Geschwindigkeit durch die Baumkronen. Während der Balzzeit führen sie vor den Weibchen einen wahren Kunstflug aus.

Beim schnellen Lauf dienen die Flügel als Balancierstange.

Die Weka-Ralle kommt nur auf Neuseeland vor.

Mit den kräftigen Beinen und langen Zehen kann der Vogel schnell laufen.

Weka-Ralle
(Gallirallus australis)
Länge: 53 cm

Weka-Ralle

Trotz ihrer verhältnismäßig großen Flügel kann die Weka-Ralle nicht fliegen. Tagsüber ist sie nicht zu sehen, aber bei Einbruch der Dämmerung geht sie auf Jagd. Mit ihrem starken Schnabel nimmt sie nicht nur Früchte und Samen auf, sondern verzehrt auch Käfer, Vögel und kleine Nagetiere. Man hat sie auf einigen Inseln ausgesetzt. Dort richteten die Vögel große Schäden an, weil sie viele Bodenbrüter töteten oder ihre Eier vertilgten.

Die Hochebenen der Nordinsel sind dicht bewaldet. Hier kommen auch Baumfarne vor, die bis zu 15 m hoch werden können.

Streifenkiwi

Der Streifenkiwi kann nicht fliegen. Deshalb unterscheidet er sich in der Lebensweise sehr stark von anderen Vögeln. Erst mit Einbruch der Dunkelheit verläßt er sein Versteck und schreitet durch den Wald. Seine Nasenöffnungen liegen an der Schnabelspitze, und so schnüffelt der Kiwi durch das Laub, um Beutetiere wie Würmer und Larven aufzuspüren. Die borstenförmigen Federn schützen ihn vor Stacheln und Dornen.

Mit dem langen, schmalen Schnabel werden Würmer, Insekten und Spinnen aufgespürt.

Der Vogel scharrt mit den kräftigen Zehen im Boden.

Streifenkiwi
(Apteryx australis)
Länge: 50 cm

Eulenpapagei
(Strigops habroptilus)
Länge: 63 cm

Der Vogel ist mit seinem grünen Gefieder im Pflanzengewirr gut getarnt.

Eulenpapagei

Dieser Vogel ist einer der seltsamsten Papageien der Welt. Er kann nicht fliegen, klettert aber auf einen Baum und gleitet schräg herab. Er ist nur während der Nacht aktiv. Etwa 40 % seines Körpergewichtes macht eine dicke Fettschicht aus, die unter der Haut liegt. Während der Balzzeit versammeln sich die Männchen an bestimmten Stellen des Waldes und stoßen dumpfe Rufe aus, die bis zu 1 km weit zu hören sind. Die Laute werden durch den Kehlsack verstärkt. Der Eulenpapagei brütet nur alle zwei Jahre, aber dann brüten alle Vögel zur selben Zeit.

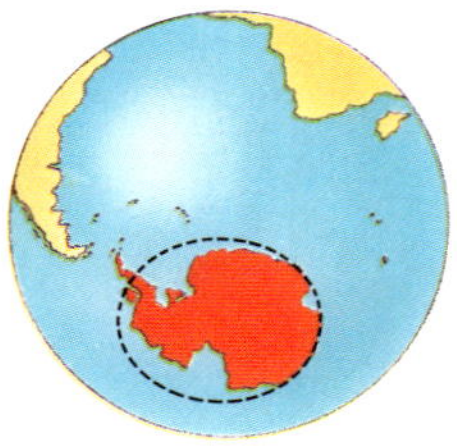

Die Antarktis

Die Antarktis ist das kälteste Gebiet der Erde, es herrscht eine Temperatur von durchschnittlich -49 °C. In den Wintermonaten ist es ständig dunkel, dann kann die Temperatur auf -89 °C absinken. Die Antarktis wird häufig von starken Stürmen heimgesucht. Im Gegensatz zur Arktis (einem Meer, das von Landmassen umgeben wird) ist die Antarktis ein Festland, das ein Meer umgibt. Den größten Teil dieses Landes bedeckt eine 2000-4000 m dicke Eisschicht. Den hier lebenden Vögeln steht kein Trinkwasser zur Verfügung. Unter diesen extremen Umweltbedingungen konnten nur zwei Arten von Landvögeln auf dem Festland überleben. Beide gehören zu den Schneidenschnäbeln und zum Verwandtschaftskreis der Austernfischer. Alle anderen Vögel der Antarktis sind Seevögel. Sie haben ein dichtes Federkleid, das ihren Körper warmhält, und sie können auch bei starkem Wind hervorragend fliegen. Im Sommer versammeln sich hier Albatrosse, Sturmvögel, Pinguine und Sturmtaucher, um zu brüten. Vor der Kälte und Dunkelheit der Wintermonate verlassen die Vögel die Antarktis und suchen ihre Nahrung in der Weite des Ozeans.

Die Möwen gleiten mit ausgebreiteten Flügeln durch die Luft.

Dominikanermöwe
(Larus dominicanus)
Länge: 58 cm
Flügelspannweite: 130 cm

Dominikanermöwe

Die große Dominikanermöwe ist die einzige Möwe, die das ganze Jahr hindurch in der Antarktis lebt. Sie ernährt sich vorwiegend von Fisch, frißt aber auch Muscheln und Schnecken, Eier und Nestlinge anderer Vögel sowie tote Tiere. Manchmal fliegt sie mit einer Muschel auf und läßt sie auf einen Stein fallen, um an das Fleisch zu kommen. Beim Brüten wechseln die Eltern einander ab, die Jungen können fünf bis sechs Wochen nach dem Schlüpfen fliegen.

Eselspinguine und einige Weißrückenkormorane brüten auf Felsinseln in der Antarktis. Die Pinguinweibchen legen ihr Ei, sobald im Frühling Eis und Schnee schmelzen.

Weißrückenkormoran

Dieser Kormoran verdankt seinen Namen dem weißen Fleck auf dem Rücken. Er hat Schwimmhäute zwischen den Zehen und kann gut schwimmen und tauchen. Dabei saugt sich das Gefieder voll Wasser, so daß er leichter untertauchen kann. Danach breitet er seine Flügel aus, um das Gefieder an der Sonne zu trocknen. Die Vögel brüten in großen Kolonien. Das Nest bauen sie aus Algen und verkleben es mit ihrem Kot. An der Aufzucht der Jungen beteiligen sich beide Elternteile.

Im Hochzeitskleid haben die Vögel eine Federhaube.

Mit dem gekrümmten Schnabel wird der glatte Fisch festgehalten.

Weißrückenkormoran
(Phalacrocorax atriceps)
Länge: 72 cm

Die Schnabelspitze ergreift Fische und Tintenfische.

Mit scharfen Augen entdecken die Vögel ihre Beute über weite Entfernungen.

Bei der Balz steht das Paar mit ausgebreiteten Flügeln voreinander.

Wanderalbatros
(Diomedea exulans)
Flügelspannweite: 3,6 m

Wanderalbatros

Dieser kräftige Vogel hat die größte Flügelspannweite aller Seevögel. Elegant gleitet er stundenlang über das Meer und nutzt dabei geschickt jede Luftströmung aus. Die Vögel kommen nur zum Brüten in die Antarktis, wo sie ungestört sind. Die Jungen bleiben fast ein ganzes Jahr lang im Nest, bis ihnen alle Federn gewachsen sind und sie fliegen können. Die Eltern fliegen über das Meer und erbeuten Tintenfische und Frösche. Gegen einen Raubvogel wehren sich die Jungen, indem sie ihm ihr Magenöl entgegenspritzen. Albatrosse trinken Meerwasser und scheiden das Salz durch Nasendrüsen aus.

Weißgesicht-Scheidenschnabel
(Chionis alba)
Länge: 41 cm

Scheidenschnäbel können gut fliegen, halten sich aber meist auf dem Boden auf.

Weißgesicht-Scheidenschnabel

Die dicke Fettschicht unter der Haut läßt diese Vögel plump erscheinen. Sie leben an der Küste und ernähren sich von allem, was sie finden – Schnecken, Krill, Pflanzenteile, Vogeleier, Kot der Seeleoparden und alles, was die Leute von den Forschungsstationen an Eßbarem fortwerfen. Ihr Nest bauen sie aus Algen, Federn und Muschelschalen in Felshöhlen. Von den Jungen können nur wenige überleben.

Kaiserpinguin
(Aptenodytes forsteri)
Länge: 1,1 m

Kaiserpinguin

Der größte und schwerste Pinguin brütet an der Küste der Antarktis. Sobald im Herbst das Meer zufriert, legt das Weibchen ein Ei und verschwindet im Meer. Das Männchen legt das Ei auf seine Füße und wärmt es in einer Bauchfalte. Drei Monate bleibt das Männchen unbeweglich stehen und verliert dabei ein Drittel seines Gewichtes. Wenn das Junge schlüpft, übernimmt das Weibchen die Pflege, und das Männchen kehrt ins Meer zurück. Nach zwei bis drei Wochen hat es wieder sein ursprüngliches Gewicht.

Dies ist ein Jungvogel. Später werden die Federn an Kopf und Unterseite grau.

Südlicher Riesensturmvogel
(Macronectes giganteus)
Länge: 90 cm

Südlicher Riesensturmvogel

Diese Vögel unternehmen lange Wanderungen und wurden schon vor Chile, Südafrika und Australien gesehen. Sie ernähren sich von toten Tieren, z. B. von Robben, fangen im Wasser aber auch junge Seevögel. Auf dem Land kommen sie sogar in Pinguinkolonien und erbeuten Eier und Jungvögel. Mit ihrem kräftigen, gebogenen Schnabel töten sie auch junge Albatrosse.

Mit den kräftigen Flügeln »fliegen« die Pinguine durch das Wasser.

Im Wasser müssen sich die Adeliepinguine vor den Seeleoparden hüten, die Jagd auf sie machen.

Adeliepinguin
(Pygoscelis adeliae)
Länge: 70 cm

Adeliepinguin

Wie der Kaiserpinguin kann auch der Adeliepinguin in der Antarktis überwintern. Der Adeliepinguin brütet im kurzen antarktischen Sommer. Die Männchen bauen ein Steinnest und brüten fast sechs Wochen lang. Die Jungen sammeln sich in großer Zahl in einem »Kindergarten«, bereits nach zwei Monaten versorgen sie sich selbst. Adeliepinguine kehren zum Brüten an dieselbe Stelle zurück, an der sie geboren wurden. Bei der Balz richten sie sich auf, schlagen mit den Flügeln und stoßen brummende Laute aus.

Der Vogelzug

Bei keiner anderen Tiergruppe finden so auffällige Wanderungen statt wie bei den Vögeln. Jedes Jahr fliegt die Hälfte aller Vögel in Gebiete, in denen sie während der ungünstigen Jahreszeit Nahrung, Wasser und ein wärmeres Klima finden. Diese regelmäßigen Flüge nennt man den Vogelzug. Auch noch heute birgt der Vogelzug Geheimnisse.

Viele Vögel fliegen in der Nacht, andere wie die Schwalben ziehen am Tag. Diese Wanderung birgt für die Vögel große Gefahren. Viele sterben an Erschöpfung, andere finden nicht genug Nahrung und verhungern. Viele werden von Raubvögeln gefressen. Aber auch die Menschen fangen und töten noch immer viele Vögel.

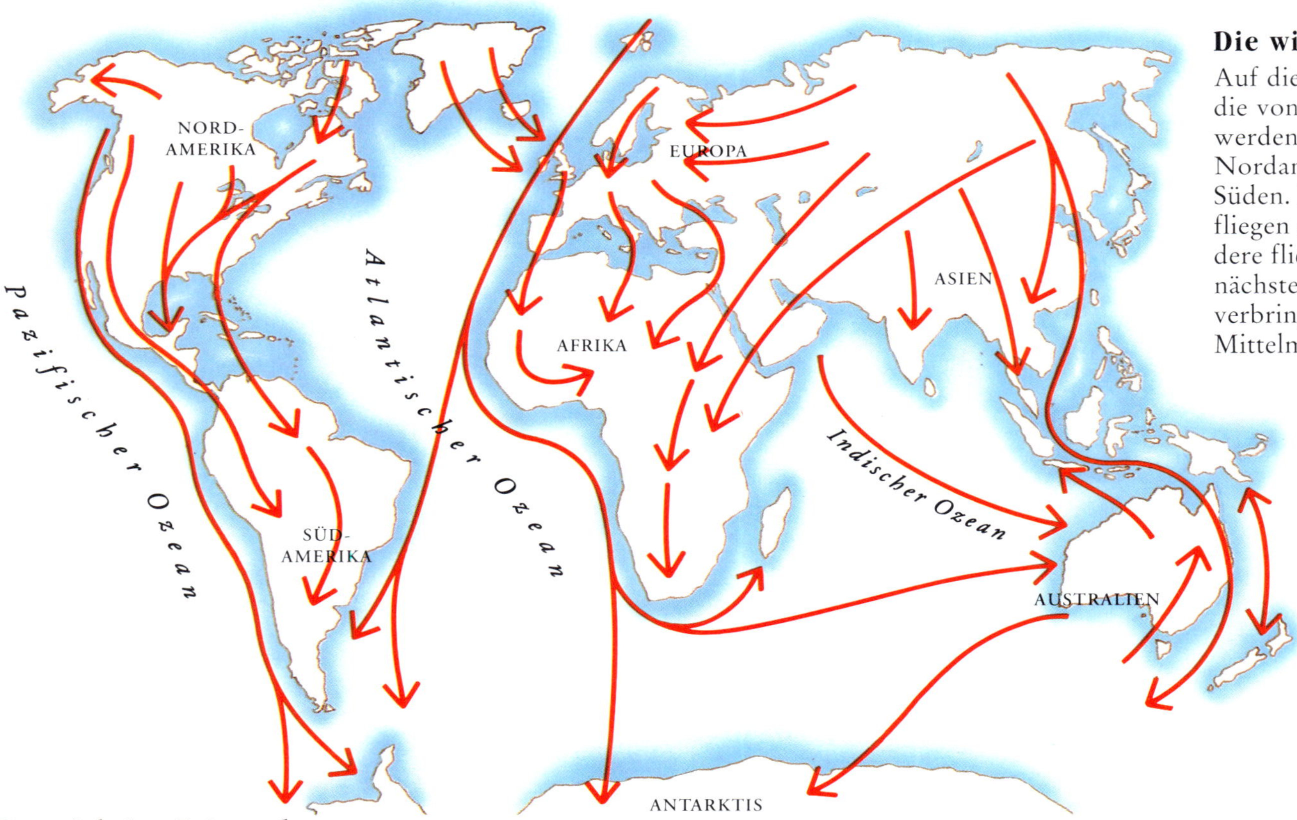

Die wichtigsten Wanderwege

Auf dieser Karte sind Flugwege eingezeichnet, die von vielen Vogelschwärmen eingeschlagen werden. Zwei Drittel aller Vogelarten, die in Nordamerika brüten, ziehen im Herbst nach Süden. Manche nehmen den »Landweg«, andere fliegen an der Küste entlang, und wieder andere fliegen in der Karibik von einer Insel zur nächsten. Die meisten europäischen Vogelarten verbringen den Winter in Afrika. Da viele das Mittelmeer nicht im direkten Flug überqueren können, ziehen sie über die Straße von Gibraltar oder nehmen den Weg über die Türkei. Weil es in Sibirien im Winter sehr kalt ist, ziehen manche Vögel nach Afrika, andere nach Südostasien. Einige fliegen immer nach Westen und kommen im Winter zu uns.

Der richtige Zeitpunkt

Gegen Ende des Sommers haben die Vögel genug Fett in ihrem Körper gespeichert, um für die lange Reise gestärkt zu sein. Ein großer Teil dieser Energie wird auf dem Flug verbraucht. Wann die Vogelschwärme abfliegen müssen, sagt ihnen ihre »biologische Uhr«. Sie wird von mehreren Bedingungen gesteuert, z. B. von der Tageslänge und der Temperatur. Schon vor dem Abflug werden die Vögel unruhig und ziehen sich zu immer größeren Schwärmen zusammen.

Während der Wanderung ernähren sich die Schwalben von Insekten, die sie im Flug fangen.

Rauchschwalbe *(Hirundo rustica)*

Schwalben haben lange, spitze Flügel mit denen sie schnell fliegen. Dennoch brauchen sie fünf bis sechs Wochen von Europa bis Afrika.

Der rechte Weg

Auch heute weiß niemand genau, wie die Vögel den Weg in ihre Winterquartiere finden. Der Zwang zur Wanderung in eine bestimmte Richtung ist ihnen angeboren, er wird durch den Instinkt gesteuert. Die Vögel richten sich wahrscheinlich nach dem Stand von Sonne, Mond und Sternen sowie dem Magnetfeld der Erde. Manche Vögel wie Sturmtaucher und Sturmvögel werden vielleicht auch durch den Geruchssinn geleitet. Bei anderen, die mit den Eltern zusammen fliegen, prägen sich möglicherweise besondere Berge oder Küstenlinien ein, und sie nehmen im nächsten Jahr den gleichen Weg.

Erforschung des Vogelzugs

Um die Wanderung einer Vogelart zu erkennen, werden Vögel beringt. Dabei legt man einen leichten Aluminiumstreifen um ihr Bein und vermerkt darauf die Forschungsstation und eine Nummer. Wenn ein beringter Vogel gefunden wird, gibt der Beobachter eine Nachricht an diese Station, und hier wird der Wanderweg vermerkt. Heute kann man auch einen leichten Radiosender an dem Vogel befestigen, wie hier an einer Sumpfohreule.

Beim Flug

Die Vögel verbrauchen eine große Energiemenge, wenn sie die langen Flugstrecken überwinden. Um Energie zu sparen, benutzen sie verschiedene Techniken. Kraniche fliegen in V-Formationen, wobei jedes Tier den Luftwirbel des vorausfliegenden ausnutzt. Der Weißstorch läßt sich von Warmluftströmungen hinauftragen und gleitet weite Strecken ohne Flügelschlag. Seevögel nutzen den Aufwind der Wellen aus. Manche Vögel haben so viel Körperfett, daß sie die ganze Strecke durchhalten, andere müssen jeden Tag anhalten, um zu fressen. Ein Schilfrohrsänger oder eine Klappergrasmücke können ihr Gewicht in den Tagen vor dem Abflug verdoppeln. Sie schaffen es, mit diesen Reserven bis zu 100 Stunden ununterbrochen zu fliegen.

Die Kraniche fliegen Tag und Nacht auf ihrem Weg von Europa nach Afrika. Sie können das Mittelmeer sogar an seiner breitesten Stelle überfliegen.

Kranich
(Grus grus)

Die Vögel ziehen oft in großen Schwärmen und in einer V-Formation. Bei dem weiten Flug sparen sie auf diese Weise Energie.

Millionensturmtaucher
(Puffinus tenuirostris)

Dieser Sturmtaucher brütet auf Tasmanien (Australien) und auf manchen Südpazifischen Inseln. Im April fliegt er nach Japan und an die Ostküste der USA. Er kehrt im Winter nach Süden zurück.

Vogelflug von Nord nach Süd

Auf der Nordhalbkugel der Erde sind im Winter große Gebiete von Eis und Schnee bedeckt. Die Vögel, die hier im Sommer gebrütet und ihre Jungen aufgezogen haben, fliegen im Herbst in ihre Winterquartiere nach Süden. Erst im nächsten Frühjahr kehren sie in ihre Brutgebiete zurück. So verhält sich auch der Kleine Goldregenpfeifer. Sehr wenige Vögel schlagen den umgekehrten Weg ein. Der Millionensturmvogel, der auf der Südhalbkugel zu Hause ist, fliegt im Sommer über den Äquator nach Norden, wo er bessere Nahrung findet.

Kleiner Goldregenpfeifer
(Pluvialis dominica)

Der Kleine Goldregenpfeifer brütet in der Tundra in Alaska und Kanada. Sein Winterquartier bezieht er in der Pampas in Südamerika.

Fakten über den Vogelzug

Küstenseeschwalbe
(Sterna paradisaea)

Der weiteste Weg
In jedem Jahr fliegt die Küstenseeschwalbe von der Arktis bis zur Antarktis und zurück, wobei sie fast 36 000 km zurücklegt.

Der höchste Flug
Die meisten Vögel bewegen sich unterhalb einer Höhe von 100 m, aber manche müssen hohe Gebirge überwinden. Der Kondor fliegt in 6000 m Höhe über die Anden, und manche Gänse überwinden den Himalaya in 9500 m Höhe.

Gewichtszunahme
Kleine Vögel wie die Grasmücken verdoppeln ihr Körpergewicht vor dem Vogelzug.

Die kleinsten Wandervögel
Die meisten Kolibris ziehen nicht weit. Eine Ausnahme macht der Rubinkehlkolibri, der bis zu 3200 km weit über die Oststaaten der USA und den Golf von Mexiko bis nach Mittelamerika fliegt. Es ist bisher unbekannt, woher er dazu die Kraft nimmt.

Rubinkehlkolibri
(Archilochus colubris)

Vögel in Gefahr

Auf der ganzen Welt sind Vogelarten vom Aussterben bedroht. Mehr als 1000 Arten – über 10 % aller bekannten Vögel – sind davon betroffen. Mit mehr als 70 bedrohten Arten sind die Papageien besonders gefährdet. Viele Vögel sterben aus, weil sich ihre Lebensräume verändern und von anderen Tierarten eingenommen werden. Der Mensch ist die Hauptursache des Aussterbens: Er zerstört die Lebensräume, verursacht die Umweltvergiftung, jagt die Vögel oder sperrt sie in Käfige ein. Die Vögel brauchen jedoch das Verständnis und die Hilfe des Menschen, um in der kommenden Zeit zu überleben.

Vom Aussterben bedroht

Die hier abgebildeten Vögel gehören zu den seltensten der Welt. In den meisten Fällen gibt es von jeder Art nur noch weniger als 150 Tiere, obwohl sie in Schutzgebieten leben.

Eskimo-Brachvogel
(Numenius borealis)
Nord- und Südamerika

Elfenbeinspecht
(Campephilus principalis)
Nord- und Südamerika

Travers-Petroica
(Petroica traversi)
Neuseeland

Großer Dickichtschlüpfer
(Atrichornis clamosus)
Australien

Goldkehlpitta
(Pitta gurneyi)
Thailand

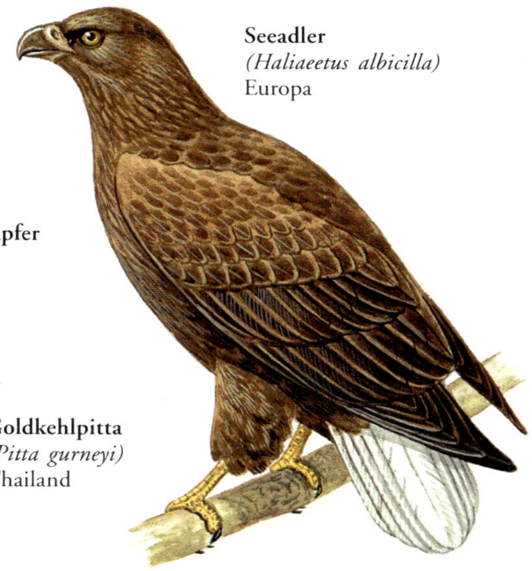

Seeadler
(Haliaeetus albicilla)
Europa

Krauskopfpelikan
(Pelecanus crispus)

Der Lebensraum

Die Zerstörung des Lebensraumes ist die größte Bedrohung der Vogelwelt. Etwa zwei Drittel der gefährdeten Vogelarten sind davon betroffen. Sümpfe und Feuchtwiesen wurden entwässert, um neues Weideland zu schaffen; große Steppengebiete wurden umgepflügt, um Getreide anzubauen; Wälder wurden abgeholzt, um Baumaterial für Häuser und Bergwerke zu gewinnen. Der Krauskopfpelikan war früher in Südosteuropa, der Türkei und dem Iran keineswegs selten. Doch durch die Trockenlegung von Sümpfen, Flußdeltas und anderen Feuchtgebieten konnte er in seinen angestammten Gebieten nicht länger leben. Er findet nicht genug Nahrung und keine Nistgelegenheit. So gehört er heute zu den bedrohten Vögeln. Nicht anders ergeht es den Vögeln des tropischen Regenwaldes, von dem in jeder Sekunde eine Fläche von der Größe eines Fußballplatzes zerstört wird.

Jagen und Sammeln

Bis vor etwa 60 Jahren war es Mode, Damenhüte mit Vogelfedern zu schmücken. In jedem Jahr mußten Millionen von Reihern, Straußen und anderen Vögeln dafür ihr Leben lassen. Von manchen Vögeln wurden die Eier eingesammelt und als Delikatesse verkauft. Ein Beispiel für das unerbittliche Jagen von Vögeln ist das Schicksal der Nordamerikanischen Wandertaube: Noch zu Beginn des 19. Jahrhunderts gab es Vogelschwärme von nordamerikanischen Wandertauben, die die Sonne verdunkelten. Innerhalb von hundert Jahren war die Wandertaube ausgerottet. Die weißen Siedler schossen Jahr für Jahr Millionen von Tauben ab.
Heute schießt man die Vögel kaum noch wegen des Fleisches, sondern betrachtet das Töten von Enten, Gänsen und anderen Tieren als sportliche Herausforderung.

Auch in Asien wurden große Teile des tropischen Regenwaldes zerstört. Das hat für die Vögel eine katastrophale Auswirkung. Der Japanische Ibis gehört seit der Vernichtung seines Lebensraumes zu den geschützten Vögeln.

Japanischer Ibis
(Nipponia nippon)

Tausende von Eiern der Möwensturmvögel werden an der isländischen Küste von der Bevölkerung gesammelt. Das muß nicht zum Aussterben der Vögel führen, solange die Entnahme kontrolliert wird.

Kragentrappe
(Chlamydotis undulata)

Die Kragentrappe ist in ihrer Heimat Pakistan selten geworden, weil sie zum »Sport« gejagt und abgeschossen wurde.

Eingeschleppte Feinde

Paradiesschnäpper
(Tersiphone corvina)

Nachdem die Europäer die Welt entdeckt hatten, zogen viele junge Leute mit der Familie aus ihrer Heimat in die überseeischen Länder. Vertraute Haustiere wie Hunde, Katzen und Vögel (z. B. den Haussperling) nahmen sie mit, Ratten und andere Nagetiere verschleppten sie ohne Absicht. So kamen diese Tiere in viele Länder, in denen die einheimischen Vögel keine natürlichen Feinde hatten. Auf Hawaii und Neuseeland wirkte sich das katastrophal aus. Oft vertrieben die europäischen Tiere die einheimischen Arten aus ihren Lebensräumen, oder sie machten ihnen bei der Nahrungssuche Konkurrenz. Häufig erwiesen sie sich als Räuber und fraßen die Eier und die Jungen einfach auf. Auch auf kleineren Inseln machte sich die Besiedlung durch die Europäer bemerkbar. So wurde der Schwarze Paradiesschnäpper (links), der in großer Anzahl auf den Seychellen lebte, von den Hunden und Katzen fast völlig ausgerottet. Auf einer abgelegenen Insel gibt es heute noch weniger als 100 Vögel.

Takahe
(Notornis mantelli)

Hermelin
(Mustela erminea)

Als sich Ratten und andere Nagetiere auf Neuseeland zu sehr vermehrten, führte man das Hermelin ein. Aber dieses Raubtier jagte nicht nur die Nager, sondern verwüstete auch die Gelege des Takahe. Der flugunfähige Vogel starb daraufhin aus.

Das Aussterben von Vögeln

Eine ganze Reihe von Vogelarten ist in den letzten Jahren ausgestorben. Vor 50 Jahren lebten z. B. noch Tausende von Strandammern in den Salzmarschen an der Ostküste von Florida. Dann wurden in diesem Gebiet das NASA-Raumfahrtzentrum und die Abschußbasen von Cape Canaveral gebaut. Man errichtete Deiche, um Flutwellen abzuhalten. In dem sumpfigen Gelände fanden die Vögel ihre Nahrung, und als das Gebiet trockengelegt war, mußten sie verhungern. In einem Schutzgebiet überlebten wenige, aber seit dieses 1975 von Feuer zerstört wurde, konnte man kein Weibchen mehr finden. 1989 starb der letzte Vogel dieser Art.

Strandammer
(Ammodramus maritimus nigrescens)

Handel mit Käfigvögeln

Singvogel im Käfig

Viele Leute halten in ihrer Wohnung einen Vogel als Haustier. Sie erfreuen sich an seinem Gesang, seiner schönen Färbung und seinem zutraulichen Wesen. Die meisten dieser Vogelarten stammen aus Afrika, Asien und Südamerika. Kleine körnerfressende Singvögel machen etwa 80 % des Handels aus, aber die jährlich etwa 600 000 verkauften Papageien bringen das meiste Geld. Bei diesen Zahlen sind nicht die vielen Vögel berücksichtigt, die vor dem Transport oder während der Reise sterben. Oft sperrt man sie in enge Käfige und gibt ihnen auf der Flugreise weder Wasser noch Futter. Von zehn eingefangenen Papageien erreicht vielleicht nur einer die Zoohandlung.

Umweltgifte

Vögel sind durch viele Umweltgifte bedroht, die Wasser, Boden und Luft verseuchen. Erdöl, saurer Regen und Pestizide führen die Liste der Ursachen an. In der Landwirtschaft werden häufig Chemikalien verwendet, um die Böden zu düngen und die Pflanzen vor Schädlingen und Krankheiten zu schützen. Ein Teil dieser Chemikalien gelangt in den Boden und ins Grundwasser.

Immer wieder sieht man Bilder einer Ölpest, die durch ein Tankerunglück entsteht oder dadurch, daß verantwortungslose Kapitäne die Öltanks ihrer Schiffe auf offenem Meer auswaschen. Die Federn der Seevögel werden durch das Öl verklebt, so daß sie weder schwimmen noch tauchen können und kläglich verhungern. Die tödliche Substanz gelangt aber auch in den Magen. Selbst wenn die Vögel sorgfältig gesäubert werden wie dieser Pinguin, haben sie nur eine geringe Chance zu überleben.

Der saure Regen, der sich durch die Abgase von Haushalten, Autos und Fabriken bildet, ist ebenfalls ein Problem für die Vögel. Er schädigt ihre Nahrung und dadurch sie selbst.

Was können wir tun?

Ohne eine grundlegende Änderung im Verhalten der Menschen können viele Vögel – und auch viele andere Lebewesen – die nächsten Jahrzehnte nicht überleben. Naturschutz beginnt deshalb bei jedem Einzelnen. Auch Regierungen und Institutionen müssen tätig werden und vor allem folgende Maßnahmen ergreifen:

Mauritius-Taube
(Nesoenas mayeri)

- Es müssen weltweit mehr Schutzgebiete ausgewiesen werden, in denen die Vögel ohne Störung brüten können, in denen sie nicht gejagt werden und in die keine Raubtiere eingeführt werden.
- Es müssen künstliche Futterplätze angelegt werden, an denen die Vögel bei extremen Wetterbedingungen Nahrung finden. Mit der hier abgebildeten Maschine wird in Nordamerika im Winter Futter für die Trompeterschwäne ausgebracht.

- Seltene Vögel müssen in Zoologischen Gärten vermehrt und wieder ausgewildert werden. Die Mauritiustaube hat auf diese Weise überlebt.
- Seltene Vögel dürfen während des Vogelzuges nicht mehr gejagt werden.
- Aus der freien Natur entnommene Vögel dürfen nicht in Käfigen gehalten werden. Nur in der Tierzucht ausgebrütete dürfen in den Handel kommen.
- Die Vergiftung der Umwelt vor allem durch Ölpest und Pestizide muß aufhören.
- Die Erforschung der Vögel, ihrer Lebensräume und ihres Verhaltens muß verstärkt werden. Mehr Wissen führt zu besserem Schutz.
- Internationale Gesetze zum Schutz müssen strenger befolgt werden.
- Die Bevölkerung aller Staaten muß über diese Probleme besser unterrichtet werden.

Register

Danksagung:
Der Verlag möchte folgenden Personen besonders danken: David Gillingwater, Rachael Foster und Mark Thompson (Mitarbeit bei der Gestaltung) und Lynn Bresler (Erstellung des Registers)

Bildbeschaffung: Clive Webster
Karten: Andrew MacDonald
Diagramme: John Hutchinson
Kartographische Beratung: Roger Bullen
Symbole der Vögel: Heather Blackham

Bildnachweise:
Bridgemann Art Library: 24 m.l.
Bruce Colemann: 53 u.m.;
Erwin und Peggy Bauer 16 u.m.; Alain Compost 62 u.l.; Gerald Cubitt 37 o.r., 41 o.l., 43 o.m.; 47 o.m., 63 m; Peter Davey 39 o.l.; Christer Fredriksson 35 o.m.; Jeff Foot Productions 11 o.m., 63 u.m.; Michael Freeman 21 m.l.; Frances Furlong 50 u.r.; Giorgio Gualgo 25 u.l.; Pekka Helo 28 m.; Joy Langsbury 17 m.; Wayne Lankinen 11 o.l.; L. C. Marigo 23 m.; Fco Marquez 30 o.m.; Dieter und Mary Plage 45 u.r.; G. D. Plage 45 o.l.; Fritz Prenzel 51 o.r.; Hans Reinhard 54 o.r.; Gary Retherford 19 u.l.; Leonard Lee Rue 58 m.l.; John Shaw 9 o.r., 12 m.; Kim Taylor 33 m.; Norman Owen Tomalin 26 u.m.; Nicholas de Vore 43 o.l.; G. Ziesler 22 u.m.;
Image Bank: 7 o.l.; James Carmichael 20 u.r.; Per Eide 27 o.l.; Don King 42 m.r.; Peter Muller 27 o.m.;
Frank Lane: C. Carvalho 35 o.r.; Tom und Pam Gardner 52 m.; A. R. Hamblin 18 u.l.; Eric und David Hosking 35 o.l., 40 u.r.; S. Jonasson 62 u.m.; Maslowski 13 o.m.; R. van Nostrand 15 o.r.; F. Polking 24 o.r.; P. Reynolds 61 o.l.; L. Robinson 55 u.l.; J. Wisniewski 36 u.r.;
NHPA: Anthony Bannister 38 u.r.; 39 m.; V. Garcia Canseco 31 m.r.; B. Chudleigh 57 o.l.; J. S. Gifford 32 m.l.; Melvin Grey 33 m.r.; Stephen Krasemann 14 m.r.; Orion Press 49 o.m.; Otto Rogge 50 u.l., 57 m.r.; Morten Strange 47 m.r.; Roger Tidman 29 m.r.;
Oxford Scientific Films: Kjell Sandved 10 u.r.;
Planet Earth Pictures / John Waters / Bernadette Spiegel 7 m.; South American Pictures 11 o.r.